U0424184

大家学术

显学中的敦煌学

项楚敦煌学论集

项　楚·著

生活·讀書·新知 三联书店

Copyright © 2018 by SDX Joint Publishing Company
All Rights Reserved.
本作品版权由生活·读书·新知三联书店所有。
未经许可,不得翻印。

图书在版编目(CIP)数据

显学中的敦煌学:项楚敦煌学论集/项楚著.
—北京:生活·读书·新知三联书店,2018.5
(大家学术)
ISBN 978-7-108-06120-1

Ⅰ.①显…　Ⅱ.①项…　Ⅲ.①敦煌学-文集
Ⅳ.①K870.6-53

中国版本图书馆 CIP 数据核字(2017)第 238583 号

责任编辑　韩瑞华
封面设计　米　兰
责任印制　黄雪明
出版发行　生活·读书·新知 三联书店
　　　　　(北京市东城区美术馆东街 22 号)
邮　　编　100010
印　　刷　四川省南方印务有限公司
版　　次　2018 年 5 月第 1 版
　　　　　2018 年 5 月第 1 次印刷
开　　本　650 毫米×900 毫米 1/16　印张　15.75
字　　数　182 千字
定　　价　46.00 元

弁　言

李学勤*

日前听闻"大家学术"丛书第一辑的编选整理已经完竣，即将付印问世，我感到非常高兴。在这套丛书的策划过程中，四川师范大学段渝教授多次垂询我的意见，我也得以从他的讲述中获知其对这套书的设想，认识到这些确实是很有学术意义的好书，值得向广大读者做一推荐。

"大家学术"丛书是在所谓"国学热"日渐升温的当口诞生的。我由于参加《中国高校哲学社会科学发展报告》的工作，必须更多查阅学术界的资料，才发现"国学热"在不长的时间里，竟已发展到出人意料的局面。仔细想来，这本来是理所当然的，"国学"就是"中学"，亦即中国传统文化的核心部分。随着中国国势走向振兴，人们自然会增加对传统文化的关注，要求认识、继承和阐扬其中的精华，并将之推向世界。

北宋张载说："为天地立心，为生民立命，为往圣继绝学，为万世开太平。"常被视为中国学人的最高抱负。这里面"为往圣继

---

* 李学勤，清华大学教授，"夏商周断代工程"首席科学家、专家组组长，中国先秦史学会理事长，国际欧亚科学院院士。

绝学"，便可以理解为对传统文化学术的继承和发扬。前人已往，其学已绝，所以"继绝学"不能停留在前人固有的层次上，而是要于其基础上续做提高，日新又新。不过，正确地了解传统、分析传统，毕竟是继承并且创新的前提。

从这里我们可以看到学术史的工作是多么重要。事实上，在历史发展中每逢重大转折的时刻，每每有富于远见的学者出现，做出学术史的总结和探究。前人曾指出，战国晚期百家争鸣接近终局之时产生的《庄子·天下篇》，堪称这方面最早的范例。

20世纪中国学术史的奠基人，应推章太炎与梁启超。章太炎于这方面发轫较早，有关论作虽多，但未成专著。梁启超则在20年代先后撰成《清代学术概论》及《中国近三百年学术史》。在后一书开首，梁启超说："这部讲义，是要说明清朝一代学术变迁之大势及其在文化上所贡献的分量和价值。为什么题目不叫作清代学术呢？因为晚明的二十多年，已经开清学的先河，民国的十来年，也可以算清学的结束和蜕化。把最近三百年认作学术史上一个时代的单位，似还适当，所以定名为《近三百年学术史》。"后来钱穆先生1937年出版的书，尽管学术观点与梁氏不同，也用了同样的标题。

梁、钱两书都有相当重大的影响，我认为这主要是因为其所讲述的学术史，对当时学术界而言恰好符合需要。任何一个历史时期的学术，总是以前一时期的学术作为凭借的思想资料，从而有所变革、进步和创新。足知对前一时期学术史的了解，一定会有利于当代学术的前进，甚至应该说是促进学术新发展的必要条件。就梁启超到钱穆那个时代的学者而言，他们面对的问题与挑战，究其渊源，大都可上溯到清代前后的三百年，无怪乎《中国近三百年学术史》两种都不胫而走了。

今天的学人，所处时代已与梁、钱二氏不同。作为我们学术界先行和凭借的，不是清代，而是落幕未久的20世纪。比之清代，20世纪的历史更是风云变幻、波澜壮阔，人物更是群星灿烂、英杰辈出，为学术史的研究提供了十分辽阔的用武之地。为了看清当前学术文化的走向，推动新世纪学术文化的建设，不能不重视对20世纪学术的研究。这正是我近些年一直呼吁加强这一时期学术史工作的原因。

实际上，对20世纪学术的探讨研究，早已在很多学者的倡导支持之下展开了。在这里我想强调的是，这方面的工作还有必要在深度和广度上继续扩展，特别是我们考察20世纪的学术文化，眼界还有必要进一步拓宽。

20世纪的中国学术极其丰富多彩，不能只局限于一时一地，例如北京、上海的几处大学和机构。应该说，由于时势机运的流转变迁，很多地方在学术上曾形成学科或思潮的中心，那里的学者在多方面都做出了独特的成果和贡献。

四川就是这样。自古以来，蜀学有其脉络，虽说蜀道甚难，但蜀地学人影响被于天下。晚清以至民初，情形更是如此。特别是抗日战争爆发之后，学人云集，蔚为盛况，于四川文化发展开前所未有的局面。仔细探究四川的学术史传统，是非常有意义的工作。

"大家学术"丛书即是如此规划的。这套丛书第一辑即专门编选四川地区卓有建树的学人著作，加以介绍其思想成就的前言，便于读者阅读。现在第一辑所收作者，都是中国学术界公认的著名学者，无愧"大家"称号。他们大多著作等身，非短时间所能通览。这些选本足以帮助大家了解他们的学术概要，相信一定会受到欢迎。

这套丛书还将继续编印下去，分辑搜集、编辑全国各地20世纪著名学术大家的专题学术论著精粹，使之成为较为全面反映中国20世纪学术文化发展成就的窗口。

最后，希望四川学术界当前以20世纪学者为主，为撰著系统的20世纪四川的学术史做出准备，将来还可上溯到更早以至古代的蜀地学术，对中国传统文化研究的贡献就更大了。

于北京清华园

目　录

001　　　　序

001　　　　敦煌文学杂考
024　　　　《维摩碎金》探索
039　　　　敦煌变文字义析疑
062　　　　令章大师李稍云
067　　　　《庐山远公话》新校
088　　　　王梵志诗论
130　　　　《王梵志诗校辑》匡补
175　　　　王梵志诗释词
192　　　　《敦煌歌辞总编》佛教歌辞匡补举例
223　　　　《老子化胡经·玄歌》考校

序

张子开

项楚（1940—），祖籍浙江永嘉县，出生于湖北老河口市。1957年毕业于南昌二中。1962年毕业于南开大学中文系，随即考取四川大学中文系研究生，师从庞石帚教授。"文革"中，被分配到某军垦农场劳动两年，旋又在成都西北中学工作十年。1976年被借调到《汉语大字典》编写组。1980年调入四川大学中文系，因成就突出，从没有任何职称的教师直接升为教授。1990年被国务院评定为博士生导师。同年，以他为学术带头人的团队申请到"中国古典文献学"博士点，2000年申请到教育部高校人文社科重点研究基地（四川大学中国俗文化研究所），2001年文献学学科被评为国家重点学科。

项楚先生现任国务院学位委员会学科评议组成员，国家古籍整理出版规划领导小组成员，教育部社会科学委员会委员，中国敦煌吐鲁番学会副会长，四川大学中国俗文化研究所所长、文学与新闻学院教授，中国古典文献学、中国古代文学、汉语言文字学等三个学科的学术带头人暨博士生导师。

作为国际著名敦煌学家、中国著名文献学家、语言学家和文学史家，项楚教授与敦煌学结缘，始于参编《汉语大字典》期间，当时他负责从《敦煌变文集》中摘取例句。为了攻克俗字、口语词汇、历史背景和思想观念这三大阅读敦煌写本的障碍，他逐字逐句地通读了若干部篇幅浩繁的大书，诸如佛教文献（以数年之功通读《大正藏》的经历早已成为学坛佳话）、五代以前的正史、经部和子部的许多著作（《太平御览》《太平广记》等）、集部的《全唐诗》和大量笔记小说，旁及了别的杂著乃至某些比较偏僻的著作，从而打下了深广而扎实的学术基础。此外，他还因其他因缘在敦煌地区居住了一段时间，得以了解当地的民风民俗。

项楚先生曾主持国家社科基金项目"敦煌变文研究""唐代白话诗派研究"，教育部博士点基金项目"唐代白话文学研究""寒山子研究"，教育部基地重大项目"中国俗文学分体研究"等。在敦煌学方面的代表作有：《敦煌变文选注》（巴蜀书社1990）、《敦煌文学丛考》（上海古籍出版社1991）、《王梵志诗校注》（上海古籍出版社1991）、《敦煌诗歌导论》（新文丰出版公司1993；修订本，巴蜀书社2001）、《〈敦煌歌辞总编〉匡补》（新文丰出版公司1995；修订本，巴蜀书社2000）、《敦煌变文选注（增订本）》（中华书局2006）。获得中国社会科学院青年语言学家奖金一等奖（《〈王梵志诗校辑〉匡补》等四篇论文，1985）、国家教委首届人文社会科学研究优秀成果一等奖（《敦煌文学丛考》，1995）、教育部第二届人文社会科学研究优秀成果一等奖（《王梵志诗校注》，1998）。

项楚先生研究领域以敦煌学为核心，成果享誉国际学术界，特别是在敦煌变文、敦煌语言文学等方面，上追以王国维、陈寅恪等为代表的老一代敦煌学者。正是以他为代表的新一代中国学者的共同努力，从根本上改变了"敦煌在中国，敦煌学在日本"的面貌，将我国建设成了世界公认的敦煌学研究中心，为祖国争得了荣誉。其第一部专著《敦煌变文选注》受到包括吕叔湘、潘重规等学坛耆艾的广泛赞誉。日本著名的汉学权威入矢义高评价《敦煌文学丛考》道："本书是由国际著名的项楚氏所著的、集其多年敦煌文学研究精粹之大成的著作……对其渊博深厚的学养及不知倦怠的猛烈钻研精神，我唯有钦佩、叹服之份。目前在此领域堪与项氏匹敌的，恐怕唯有美国的 Victor H. Mair 氏了。"《王梵志诗校注》被公认为是国内外所有王梵志诗研究著作中校订最精审、开掘最深邃、内容最丰富的，成为国际敦煌学界的一部名作。入矢义高说："对其极周详精审之至的注释，我只能起久长的惊叹之感。"日本佛教大学教授中原健二评价道："不能不使人为作者的广收博引而瞠目结舌。"

　　项楚先生的研究领域涵盖了语言学、文学、文献学和佛学等诸多方面，如对唐五代俗语词的研究成就突出，将研究范围扩展到寒山诗等唐代通俗文学作品，恰当地解释了许多字书中不载而又难于索解的疑难口语语汇；对包括敦煌文献在内的唐五代文献的校勘和整理，淋漓尽致地展现了炉火纯青的文献学修养；开创了系统而大量地运用佛教文献进行中国语言文学研究，特别是中古汉语研究的先河，堪称将佛学材料运用于其他学科领域里的典范；开创了俗文化研究的崭新领域，直追并超越了海外的研究水准，改变了我国学术领域中忽视俗文化这一局面，成为中国俗文化研究的领头人。其《寒山诗注》获得四川省政府第十届社科奖一等奖（2003），《唐代白话诗派研究》获得四川省政府第十二届社科奖一等奖（2006）。美国宾夕法尼亚大学的梅维恒（Victor H. Mair）评论道，项楚是研究中国传统文献的大师，"利用大量传统原始材料的能力给人以非常深刻的印象，他还有复原导致异说的晦涩文本的超人才华"。

总之，项楚教授性格平淡而思想敏锐，潜心古文献而兴趣广泛，极为勤奋而热爱生活，人品广受赞誉，无愧为一位真正的睿智者。在科研方面，他具有深厚的国学根底，熟读佛经和四部典籍，学风严谨，精于校勘考据，擅长融会贯通，在研究中熔语言、文学、宗教学于一炉，从而形成了独具的治学特色。

敦煌文学杂考

释亡名与敦煌文学

敦煌写卷伯3814号,写有白话五言诗若干首,未署作者姓名,目前学术界公认是王梵志诗。其中有如下一首(亦见伯3724号):

前死未长别,后来亦非久。
新坟影旧冢,相续似鱼鮱(鳞)。
义绫(陵)秋(秋)节远,会逢几个春。
万劫同今日,一种化微尘。
定知见土里,还待(得)旧时人。
频口(开)积代骨,为坑埋我身。

乍睹此诗,似曾相识。原来在《广弘明集》卷三〇下,收录周释亡名创作的宗教诗若干首,其中有一首《五盛阴》:

先去非长别,后来非久亲。

新坟将旧冢（冢），相次似鱼鳞。

茂陵谁辨汉，骊山讵识秦。

千年与昨日，一种并成尘。

定知今世土，还是昔时人。

焉能取他骨，复持埋我身。

两相比较，不难发现，所谓王梵志诗，乃是释亡名《五盛阴》的改写，只不过更换了个别字句而已。梵志诗第二句"后来亦非久"失韵，亦当依《五盛阴》作"后来非久亲"，"久亲"与上句"长别"正好为对。值得注意的是，在我们发现这首诗作是《五盛阴》的改写之前，竟完全没有感到它和这个诗卷的其他诗作有什么不同。换句话说，它和这个诗卷的其他诗作，在风格上如此一致。这一事实，难道还不值得我们在探讨王梵志诗的渊源时，深长以思吗？

《敦煌变文集》卷四《太子成道经》（伯2999号），记太子四门游观，于西门见一病儿，有诗一首：

拔剑平四海，横戈敌万夫。

一朝床上卧，还要两人扶。

此诗又见《变文集》同卷《八相变》（北京云字24号），个别字眼不同：

拔剑平四海，横戈敌万夫。

一朝床枕上，起卧要人扶。

何以两诗相似如此呢？因为它们有着共同的来源。《广弘明集》卷三〇下，还载有释亡名的《五苦诗》五首，其中《病苦》一首云：

> 拔剑平四海，横戈敌万夫。
> 一朝床枕上，回转要人扶。
> 壮色随肌减，呻吟与痛俱。
> 绮罗虽满目，愁看独向隅。

此诗前四句两次被变文袭用，联系《五盛阴》被改写为王梵志诗，可见释亡名作品对敦煌俗文学的广泛影响了。

释亡名何许人也？《续高僧传》卷七有《周渭滨沙门释亡名传》。他俗姓宗氏，南郡人，本名阙殆。世袭衣冠，称为望族。曾事梁元帝，深见礼待，有制新文，帝多称述。其《宝人铭》自叙曰："余十五而尚属文，三十而重势位。"梁亡后出家为僧，著有《至道论》《淳德论》《遣执论》《去是非论》《影喻论》《修空论》《不杀论》。文多清素，语恒劝善，存质去华，不存粉墨，有集十卷，盛重于世。有弟子僧琨，每临水映竹，体物赋诗，有篇什云。总之，亡名出身于南朝士族，具有高度的传统文化修养。但早期的创作受到梁元帝的称述，自然是属于南朝士族浮靡文学的范畴。剧烈的世变使他遁入空门。他后期的宗教诗将外来的佛教义理与汉族固有的五言诗形式融汇在一起，对后来僧人的诗歌创作产生了影响，而他的弟子僧琨体物赋诗，可谓继承了师风。王梵志白话诗正是在这一点上接受了释亡名宗教诗的影响。他的不少以佛教道理为内容的诗作，继承并发展了僧人宗教诗的传统。可惜这一点还没有引起某些探讨王梵志诗歌渊源的学者的高度重视，所以我愿意在这里特别地提出来。

敦煌俗文学中所见僧人诗歌的影响不限于释亡名。上引《太子成道经》（伯 2999 号）写太子南门行游，遇见老人，老人答言：

> 眼暗都缘不弁（辨）色，耳聋万语不闻声。
> 欲行三里二里时，四回五回头歇吟。
> 少年莫哄（笑）老人频，老人不夺少年春。
> 此老老人不将去，此老还留与后人。

这里应该包含了两首七言四句诗（偈）。第一首末句"四回五回头歇吟"费解，当据乙卷（斯 2682）和庚卷（北京潜字 80 号）作"虽是四回五回歇"，"虽"与"须"同音通用。原卷"吟"字当提至下首之上，乃是标明下首吟唱声腔的用字（此卷唱词上往往标有"吟"字）。"头"字是"须"字的形讹，盖书手写就"四回五回"四字之后，始发觉漏书"须是"二字，乃补写于"四回五回"之下，由于注意力分散，"须"字误作"头"字，又漏写"是"字，并把下首声腔标字"吟"误连于此句之下，遂成为"四回五回头歇吟"了。此诗又见于《八相变》（北京云字 24 号），末句正作"虽（须）是四回五回歇"。两种变文都采用了这首诗，可见它也是相当流行的。而《全唐诗》卷八二五载唐末匡庐僧隐峦《逢老人》一首：

> 路逢一老翁，两发如霜雪。
> 一里二里行，四回五回歇。

此诗后二句与前引变文唱词的相似是一目了然的。但隐峦未必就是原作者，大约他也和变文作者一样，不过是沿用了流行于禅林中的成句敷衍而成，而真正的原作者却不可考了。

"但存方寸地，留与子孙耕"考

"但存方寸地，留与子孙耕。"这两句诗在宋代流行极广。它的作者是谁？说法极为纷纭。归纳起来，大约有五种：

一、贺水部作。

《全唐诗》卷七九五录此二句，作者题为"贺公"，注"石晋兵部"。按"兵部"当是"水部"之误。胡仔《苕溪渔隐丛话》前集卷五八、阮阅《诗话总龟》前集卷十九引《王直方诗话》皆作"贺水部"。《总龟》较详，兹引于下：

> 张嘉甫云：余少年见人诵一诗，所谓"但存方寸地，留与子孙耕"。不知何人语。元符三年过毗陵汪迪家，出所藏水部贺公手书，乃知此诗贺所作，世俗以为他人，非也。贺天圣中为郎，真宗东封，谒于道左。元祐初，其二弟（按："弟"下夺"子"字）逾（按当作"喻"）、乔者来京师，云贺尝于泰山望见东坡，意甚喜之，欲上元至龟、蒙，东坡为作诗，亦赋五篇。余爱嘉甫一章云："方寸平田便有余，子孙无复废耕锄。已将不死为嘉种，更向无何筑隐居。"（《直方诗话》）

这里提到苏轼（东坡）为贺水部作诗事，《东坡前集》卷十七有《送乔仝寄贺君六首》，诗序记其事颇详：

旧闻靖长官、贺水部，皆唐末五代人，得道不死。章圣皇帝东封，有谒于道左者，其谒云"晋水部员外郎贺亢"，再拜而去，上不知也。已而阅谒，见之，大惊，物色求之不可得。天圣初，又使其弟子喻澄者诣阙进佛道像，直数千万。张公安道与澄游，具得其事。又有乔仝者，少得大风疾，几死。贺使学道，今年八十，益壮盛。人无复见贺者，而仝数见之。元祐二年十二月，仝来京师十许日。余留之，不可，曰："贺以上元期我于蒙山。"又曰："吾师尝游密州，识君于常山道上，意若喜君者。"作是诗以送之，且作五绝句以寄贺。

叶梦得《避暑录话》卷上亦载此事：

苏子瞻亦喜言神仙。元祐初，有东人乔仝，自言与晋贺水部游，且言贺尝见公密州道上，意若欲相闻。子瞻大喜。仝时客京师，贫甚。子瞻索囊中，得二十缣，即以赠之。作五诗，使仝寄贺；子由亦同作。仝去，讫不复见。或传妄人也。

据此看来，乔仝为妄人无疑。苏轼与弟苏辙（子由）都上当了，白写了诗不算，还被诈骗去二十缣。但苏轼诗中后来用了"方寸地"的典故（见下），也许与此事有关。

二、贺知章作。

《说郛》（宛委山堂本）卷二三载宋俞文豹《唾玉集》云：

常谈习熟，多有不知出处。"但存方寸地，留与子孙耕。"此贺知章诗。

而《说郛》（商务印书馆本）卷四九载《唾玉集》云：

> 常谈习熟，多有不知出处者。……"有客来相访，如何是治生？但存方寸地，留与子孙耕。"贺章诗。

这里补足了全诗。作者作"贺章"，当是脱去了"知"字。明郎瑛《七修类稿》卷二一《谚语出诗》条云：

> 世传"日出事还生""难将一人手，掩得天下目""但存方寸地，留与子孙耕"，往往形诸言语，莫知所来。……第四、五句乃宋贺仙翁诗也，诗曰："有客来相访，如何是治生？但存方寸地，留与子孙耕。"

这里提出的全诗与《唾玉集》相同，作者却变成了"宋贺仙翁"。"宋贺仙翁"应该就是指贺水部，但唐代就有贺知章成仙的传说（见下），则郎瑛也可能是把两位"贺仙翁"混淆了。

三、冯道作。

苏轼《孔毅父以诗戒饮酒问买田且乞墨竹次其韵》诗有云："我田方寸耕不尽，何用百顷縻千金。"王十朋《集注分类东坡先生诗》卷十八引师注："五代冯瀛王诗，'但存方寸地，留与子孙耕'。"师氏名尹，字民瞻，为苏诗早期注家之一。冯瀛王即冯道，曾事四姓十君，历任后唐、后晋宰相，契丹太傅，后汉太师，后周太师、中书令。有诗集十卷，已佚。《全唐诗》卷七三七收诗五首、句五联，《全唐诗外编》据《古今图书集成》收诗一首，都不包括上引"但存方寸地"二句。

四、王梵夫作。

上引苏轼诗"我田方寸耕不尽",施元之、顾景藩《施注苏诗》收入卷二十。注云:"《监戒录》,王梵夫诗云,'但存方寸地,留与子孙耕'。"按《监戒录》应即《鉴戒录》,五代何光远撰。《四库全书总目》云:"光远字辉夫,东海人。孟昶广政初,官普州军事判官。其书多记唐及五代间事,而蜀事为多,皆近俳谐之言。"今检《鉴戒录》十卷,未见有上引王梵夫诗。但《施注苏诗》素著盛名,陆游《序》称"司谏公(施元之)以绝识博学名天下,且用工深,历岁久,又助之以顾君景蕃之该洽,则于东坡之意,盖几可以无憾矣"。则所注王梵夫诗,当非妄言无据者。

五、俗语。

宋叶梦得《水心先生文集》卷十《留耕堂记》云:

"但存方寸地,留与子孙耕。"余孩稚时闻田野传诵,已识其趣。出游四方,所至闾巷,无不道此相训切。今葛君自得遂取以名堂,盖其词意质而劝戒深,殆非文于言语者所能窥也。

宋罗大经《鹤林玉露》卷六云:

俗语云:"但存方寸地,留与子孙耕。"指心而言也。三字虽不见于经传,却亦甚雅。余尝作《方寸地说》(文略)。

按罗氏以为"方寸地"不见于经传,所见似未博。以"方寸地"

或"方寸"指心,始见于《列子·仲尼》:

> 文挚乃命龙叔背明而立,文挚自后向明而望之,既而曰:"嘻,吾见子之心矣,方寸之地虚矣,几圣人也。子心六孔流通,一孔不达。今以圣智为疾者,或由此乎?非吾浅术所能已也。"

又《三国志·诸葛亮传》:

> (徐)庶辞先主而指其心曰:"本欲与将军共图王霸之业者,以此方寸之地也。今已失老母,方寸乱矣,无益于事,请从此别。"

若魏晋以后,例多不备举矣。

关于"但存方寸地,留与子孙耕"两句小诗的作者,歧说如此,实为文学史上罕见的现象。其中第五种俗语说,证明它在民间的流传是何等广泛,但并未指明作者是谁。第一种贺水部说,也不可信。陈师道《后山集》卷十七有《贺水部传》,称其姓名为贺充,与《东坡前集》作贺亢者不同。详按其事迹,大多恍惚不实,乃是北宋道士们附会编造出来的神仙人物。《王直方诗说》所记张嘉甫亲睹贺水部手迹"但有方寸地,留与子孙耕",也应是伪托,正如现传吕洞宾所作诗歌许多首,大都是伪托的一样。第二种贺知章说,其实是由贺水部说衍变而来的。宋王楙《野客丛书》卷十七《贺知章上升》云:

> 仆观徐铉序中谓有彭泗者,于会稽郡之延寿院泥中

得一石，乃许鼎所撰《通和祖先生碑》，其间载贺监知章得摄生之妙，不死，负笈卖药如韩康伯，近于台州上升，遍于人听，元和己亥，先生遇之云云。此碑正元和间所作，相去未远也，不知何以言此。

因知唐代即盛传贺知章成仙上升之说。这样一来，贺知章与贺水部两位"贺仙翁"就容易发生混淆，传为贺水部作的"但存方寸地"诗不免偶尔被误嫁于贺知章名下了。第三种冯道之说大约也不可信，因为冯道乃五代名人，倘若真是冯道所作，五代孟蜀时的何光远及宋代诸名公皆误作他人，于情理未合。

这样就只剩下王梵夫作一说了。王梵夫名不见经传，我以为应该就是王梵志，盖因"志""夫"二字草书形似，"王梵志"遂讹为"王梵夫"了。王梵志的某些诗句，在流传过程中屡易主名，张冠李戴，并成为俗语广泛流传，不乏先例。例如《梁溪漫志》卷十载王梵志诗：

世无百年人，强作千年调。
打铁作门限，鬼见拍手笑。

而释惠洪《林间录》卷下载寒山子诗云：

人是黑头虫，刚作千年调。
铸铁作门限，鬼见拍手笑。

陈师道《卧疾绝句》："一生也作千年调。"任渊《后山诗注》卷四注引寒山子诗，与《林间录》全同。可是此诗并不见于《寒山子诗集》，应该是王梵志诗而嫁名寒山者，文字小异则是在流传过程中出现的歧异。又宋王楙《野客丛书》卷十九《诗句相近》、《全唐诗》卷八、《宋诗纪事》卷八六皆载南唐后主李煜诗句："人生不满百，刚作千年画。"这也是从王梵志诗前两句变化而来。宋庄绰《鸡肋编》卷下引北宋俚语曰："人作千年调，鬼见拍手笑。"这又是将王梵志诗凝缩而成（取其二、四两句），这种主名不定、传作俗语的现象，正与"但存方寸地，留与子孙耕"相似，所以我认为它们同是王梵志诗的一部分。当然，它们（以及其他散见于诗话笔记的王梵志诗）产生的年代，较之敦煌石室所出《王梵志诗集》中的诗作为晚。但只要我们明了，所谓"王梵志诗"并非是某位诗人的专集，而是不止一位无名白话诗人作品的结集，就不会感到奇怪了。所谓"王梵志诗"，从初唐直到宋初，陆续容纳无名白话诗人的作品于自己的名下；同时，其中的某些作品又能分化出去，乃至成为广泛流传于民间的俗语。这是王梵志诗才有的独特现象，对于我们认识王梵志诗的思想和艺术特点，以及它和社会下层的联系，都是极为重要的。

关于《地狱变文》

《敦煌变文集》卷六收有《地狱变文》一种，向达先生校记云："原本无题，依故事内容拟补。原卷编号为北京衣字三十三号。"

按此卷为首尾俱缺的残卷，现存部分叙述一个饿鬼觅得一条铁棒，运业道之身，来到墓所，寻得自己死尸，乱打一千棒，且打且加呵责。第一段呵责"恨你在生之日，悭贪疾妬（嫉妒），日夜只是算人，无一念饶益之心，只是万般损害。头头增罪，种种造殃，死值三途"。第二段呵责"怨死尸在生日，于父母受（处）不孝，中（宗）亲处无情，兄弟致（置）词，向姊妹处死（无）义"。原文有讲有唱，逐段铺叙，体裁确属变文。但云"依故事内容"拟补题名为《地狱变文》，则并不恰当，亦可见对故事内容的理解尚存隔膜。原文虽有"绕身饿鬼道"之语，但这是追述的话，故事并不发生在地狱。原文屡云"来到墓所""坟问（间）呵责尽头捶""直至墓所"等，故事发生在墓地，与地狱无关，是显然的。其实原文是演绎佛经故事，只要弄清出处，则内容一目了然。梁沙门僧旻、宝唱等集《经律异相》卷四七《鬼还鞭其故尸》引《譬喻经》曰：

> 昔外国有人死，魂还自鞭其尸。傍人问曰："是人已死，何以复鞭？"报曰："此是我故身。为我作恶，见经戒不赞，偷盗欺诈，犯人妇女，不孝父母兄弟，惜财不肯布施。今死令我堕恶道中，勤苦毒痛，不可复言，是故来鞭之耳。"

这显然就是变文故事所本。变文中饿鬼的第二段呵责以"又将铁棒打尸来"结束，原卷也至此中断。但"又将"云云显然是引起下文之语，则原文至少应该还有第三段呵责之词，其内容或许是就《譬喻经》中"不肯布施"之语加以铺演生发吧。倘若以变文与上引经文两相对照，似乎变文残缺部分无多。不过我以为实际情形也许并非如此，变文现存部分可能只是原文的一小部分。

上述《经律异相》所引《譬喻经》文，亦见于《法苑珠林》卷七一、《诸经要集》卷九，而其本经则未见于现存大藏经中。但三国吴康僧会译《旧杂譬喻经》卷下有云：

昔有人死已后，魂神还自摩挲其故骨。边人问之："汝已死，何为复用摩挲枯骨？"神言："此是我故身，身不杀生，不盗窃，不他淫、两舌、恶骂、妄言、绮语，不嫉妒，不瞋恚，不痴，死后得生天上，所愿自然，快乐无极，是故爱重之也。"

试比较这段经文与《经律异相》所引《譬喻经》文，内容一正一反，文字风格如出一手，它们的关系可以譬之为人之两手，左右对称，相反相成，不宜缺一。果然，失译（附后汉录）《分别功德论》卷三正把上述两事联为一事：

王遣使至石室城，于彼城中行诸禅观，或在冢间，或在树下。时在冢间观死尸，夜见有饿鬼打一死尸，问曰："何以打此死尸耶？"曰："坐此尸困我如是，是以打之耳。"道人曰："何以不打汝心，打此死尸当复何益也。"复有一天，以天文陀罗花散于死尸，道人复问曰："何以散此臭尸为？"答曰："我由此尸得生天上，此尸即是我之善友，故来散花报往昔恩耳。"道人曰："何不散花于汝心中，乃散此臭尸花为！夫善恶之本，皆心所为，汝等乃复舍本取其末耶？"时修伽妒路自念：我从死得活，由是因缘当得解脱。于是观身念死，思惟分别解了无常苦空非身，即得罗汉。以是言之，念死者亦至涅槃。

又失译（附东晋录）《天尊说阿育王譬喻经》亦云：

昔有人在道上行，见道有一死人，鬼神以杖鞭之。

行人问言："此人已死，何故鞭之？"鬼神言："是我故身，在生之日，不孝父母，事君不忠，不敬三尊，不随师父之教，令我堕罪，苦痛难言，悉我故身，故来鞭耳。"稍稍前行，复见一死人，天神来下，散花于死人尸上，以手摩挲之。行人问言："观君似是天，何故摩挲是死尸？"答曰："是我故身，生时之日，孝顺父母，忠信事君，奉敬三尊，承受师父之教，令我神得生天，皆是故身之恩，是以来报之耳。"行人一日见此二变，便还家奉持五戒，修行十善，孝顺父母，忠信事君。示语后世人，罪福追人，久而不置，不可不慎。

以上两种经论，将两事联为一段，顺理成章，非常自然，因为它们正好从两个相反的侧面说明了同一个宗教道理。所以我猜测北京衣字33号《变文》，全文的情节大约也包括两部分，一部分写鞭打死尸，一部分写摩挲（或散花）死尸，它们共同担负起一个宗教宣传任务，即宣扬"罪福追人，久而不置，不可不慎"。变文现存部分，只是原文前半部分的一段罢了。

放猿绝句

《敦煌变文集》卷一《张义潮变文》后，附录敦煌卷子中歌颂"太保"的唱文两篇。第二篇卷号为伯3645，共三十二句，其中第五至八句是：

孤（狐）猿被禁岁年深，放出城南百尺林。

绿水任君连臂饮，青山休作断（短）长吟。

这四句诗亦见于《全唐诗》卷七六八，作者曾麻几，诗题《放猿》，文字微有不同：

孤猿锁槛岁年深，放出城南百丈林。
绿水任君联臂饮，青山不用断肠吟。

《全唐诗》未注出处，应该是采自宋代吴曾《能改斋漫录》卷十一：

吉水与敝邑接境，有曾庶几者，隐士也。五代时，中朝累有聘召，不赴。故老有能记其《放猿绝句》云："孤猿锁槛岁年深，放出城南百丈林。绿水任君连臂饮，青山不用断肠吟。"

据此可知《全唐诗》"曾麻几"实为"曾庶几"之误。又可改正《敦煌变文集》校字之误：原卷"孤"字不错，《变文集》误校作"狐"。原卷"断长"应作"断肠"，正与上句"连臂"为对，《变文集》校作"短长"，亦非。"断肠"本是写猿的典故，《世说新语·黜免》：

桓公入蜀，至三峡中，部伍中有得猿子者，其母缘岸哀号，行百余里不去，遂跳上船，至便即绝。破视其腹中，肠皆寸寸断。

曾庶几是五代时隐士，累辞征召，可见他是看重自由的。《放猿绝句》生动地表现了孤猿脱离羁绊后的自由之感，是曾庶几的寓意之作。北宋范镇《东斋记事》卷五：

予尝于朝天岭见猴数百千，连手而下，饮于嘉陵江。
既饮，复相接而上，周匝而后已。

这段文字可以看作第三句"连臂饮"的注脚，而第四句则暗用《水经注》记巴东渔者歌"猿鸣三声泪沾裳"之意。这两句诗虽然精彩，但其实并非是曾庶几的独创，《全唐诗》卷六二二陆龟蒙《鞠侯》五律固已云：

但为连臂饮，不用断肠吟。

"鞠侯"为猿之别名。曾庶几诗盖出于此，亦可谓善用古人语矣。

曾庶几为五代时吉水人，据《宋史·地理志》，吉水为江南西路吉州属县，其地即今江西省吉水县。以五代战乱频仍之际，一位南方布衣隐士的一首小诗，竟远涉山水，传至西陲，并被采入歌唱"太保"的唱词中，可以证明敦煌地区与中原的联系仍是十分密切的。唱词中的"太保"指张义潮，张氏于唐懿宗咸通八年（公元867年）入觐长安，十三年（公元872年）终老帝京，追赠"太保"。伯3645号唱词作于曾庶几诗传入敦煌之后，虽不知确切年代，但上距张义潮之卒至少已有数十年之久，亦可见义潮丰功伟绩，泽被后世，人民思念不绝也。

伯3645号唱词共三十二句，四句一换韵，以《孤猿绝句》例之，实际上是由八首联章七言绝句组成。《敦煌变文集》卷五《长兴四年中兴殿应圣节讲经文》（伯3808号），后面也附有七言绝句十九首。长兴为后唐明宗年号，长兴四年为公元933年。这类联章七绝形式，本是晚唐五代文士向当权者献诗赞颂的格式，而为说唱艺人（包括俗讲师）所沿用。崔致远《桂苑笔耕集》卷十九有《七言纪德诗三十首谨献司徒相公》，风格正与《长兴四年中兴殿应圣节讲经文》附诗类似。崔致远为高丽人，宾贡及第，为高骈淮南从事，乾符（唐僖宗年号）中曾任溧水尉。《桂苑笔耕集》所收皆为在中国时的作品。《孤猿绝句》既然是说唱艺人采录的文人作品，我猜想《敦煌变文集》中的上述两组联章七绝，其中大概还有别的采自文人的作品，唯迄今难以考索罢了。

关于《四兽因缘》

《敦煌变文集》卷七收有《四兽因缘》一篇，原卷编号为伯2187。周绍良先生《读变文札记》（载《文史》第七辑）中《关于〈四兽因缘〉》一节，论述颇为精辟。其中有云：

> 细审全篇，知是佛本生故事之一，但查《本生经》五百多故事均未得，疑出于早已佚失的佛本生因缘之类，《四兽因缘》盖其中之一篇。

按《四兽因缘》内容包括两个部分。前半部分是四兽因缘故事本身，后半部分是根据这个故事创作的《四兽恩义颂》。"唐僧统和尚赞述四兽恩义颂"一行是后半部分的标题，说明下面的四言韵语乃是一首《四兽恩义颂》，其作者为唐僧统和尚。"唐僧统和尚"

即敦煌名僧悟真,"唐"是悟真的俗姓,"僧统"是僧职,这里指河西都僧统,为敦煌地区佛教最高领袖。按张义潮沙州起义后,曾派悟真随敦煌地区都僧统洪辩入唐,在长安获得盛誉。返回后任河西都僧统二十余年(公元869年—895年)。敦煌遗书中保存有悟真的一些佛教文学作品,除《四兽恩义颂》外,还有《百岁诗》及许多篇邈真赞等。在标题后面还有一行文字:"为先修行孝因果,今感得成佛之缘,其由如是。"这是《四兽恩义颂》的小序,"其由如是"即指前半部分四兽因缘故事,因为故事已具写于前,故只用"其由如是"概括之,而不复详述也。《四兽恩义颂》便是悟真根据这段故事再创作的宗教作品。周先生判断《四兽因缘》(按,应指《四兽因缘》的前半部分)为佛本生故事之一,完全正确。在现存汉译释典中,还保存着与此类似的故事。姚秦鸠摩罗什等译《十诵律》卷三四,《八法中卧具法第七》:

> 尔时世尊,说本生因缘,语诸比丘:过去世时,近雪山下,有三兽共住,一鹞,二猕猴,三象。是三禽兽,互相轻慢,无恭敬行。是三禽兽,同作是念:"我等何不共相恭敬?若前生者,应供养尊重,教化我等。"尔时鹞与猕猴问象言:"汝忆念过去何事?"时是处有大菴婆树,象言:"我小时行此,此树在我腹下过。"象、鹞问猕猴言:"汝忆念过去何事?"答言:"我忆小时,坐地捉此树头,按令到地。"象语猕猴:"汝年大我,我当恭敬尊重汝,汝当为我说法。"猕猴问鹞言:"汝忆念过去何事?"答言:"彼处有大菴婆树,我时啖其子,于此大便,乃生斯树,长大如是,是我所忆。"猕猴语鹞:"汝年大我,我当供养尊重汝,汝当为我说法。"尔时象恭敬猕猴,从

听受法,为余象说。猕猴恭敬鹞,从听受法,为余猕猴说。鹞为余鹞说法。此三禽兽,先喜杀生、偷夺他物、邪淫妄语。斯诸禽兽,咸作是念:"我等何不舍杀生、偷夺、邪淫、妄语恶业?"作是念已,即舍杀、盗、邪淫、妄语。畜生中无犹,具足行是四法,命终皆生天上。佛言:"尔时鹞法广布流行,显现诸天世人,畜生何故行善,不复侵食人谷?"又作是念:"畜生尚能相恭敬,何况我等。"尔时世人皆相敬重,广修鹞法,奉行五戒,命终生天。佛言:"畜生无知,尚相恭敬,行尊重法,自得大利,亦利益他。何况汝等,以信出家,剃除须发,服法衣,应相尊敬。"

这段文字开端即谓"尔时世尊说本生因缘",固知是佛本生因缘之一。这个故事又见于后秦佛陀舍耶、竺佛念译《四分律》卷五〇,《房舍犍度初》,情节与《十诵律》略同。唯其中有"时象即以猕猴置头上,猕猴以鹞置肩上,共游行人间,从村至村,从城至城,而说法言"一段,较《十诵律》更为生动。鸠摩罗什译《大智度论》卷一二,《释初品中檀波罗蜜法施之余》亦载此故事,也有"大象背负猕猴,鸟在猴上,周游而行"的描写,与《四分律》类似。玄奘著《大唐西域记》卷七《婆罗疤斯国》,亦载此故事,则较为简略。以上故事,显然与《四兽因缘》故事同出一源,本是同一个佛本生故事。其不同处,诸律论等皆只三兽,而《四兽因缘》增加了兔,变成四兽。但四兽只是在三兽的基础上,添加一个同义重叠成分而已,并非故事有大的改变。因此,《四兽因缘》所据经本或许已经佚失,但这则佛本生故事本身并未佚失,还屡见于现存的释典之中。

《破魔变文》与释典

伯2187号卷子所载变文，演绎释迦牟尼降魔事，前题作《降魔变神押座文》，"神"字是衍文，这个标题是针对变文前的一段押座文而言；后题作《破魔变》。斯3491号卷子也载有这篇变文。《敦煌文集》卷四收入，题作《破魔变文》。关于《破魔变文》与释典的关系，四十年前傅芸子先生《关于〈破魔变文〉》一文曾云：

> 魔女惑乱世尊事，在释典中，本在魔王迫害世尊之前，变文乃颠倒次序用之，盖经变作者，想利用此种香艳性的材料，作为变文的结局，趣味浓郁，使听者醺醺忘倦也。又经典中，魔女惑乱世尊，亦较变文所写为细致，如《普曜经》第六《降魔品》十八，魔女作态弄姿有三十六样。《佛本行集经》第廿七《魔怖菩萨品》，所写魔女的肉体美，文字都比变文所写为细致，我们反而觉得变文虽形貌朴俗而实恰到好处。至于末段世尊令魔女幻为老母又恢复美貌一节，乃出于《方广大庄严经》第十《商人蒙记品》第廿四，又《普曜经·降魔品》也有此事，但为四人，而《方广大庄严经》魔女则幻为童女、少妇、中妇三种不同之女性，这是与经文微异之处。

此段于《破魔变文》艺术特点之分析，颇中肯綮。同时指出变文与释典不同之处，其最大者为魔女惑乱世尊事，在释典中本在魔王迫害世尊之前，变文乃颠倒次序用之。后来孙楷第先生《读变文》二则之《唱经题之变文》一则，论《破魔变》则云：

> 按此佛降魔事，经典多载之。如《修行本题经·出家品》，《太子瑞应本起经》卷上，《佛说普曜经·降魔品》，《方广大庄严经·降魔品》，《过去现在因果经》卷三，《佛本行集经·魔怖菩萨品》，《菩萨降魔品》，及《佛所行赞》北凉云无忏译亦名《佛本行经》卷三《破魔品》，均记其事。尤以《佛本行集经》所记为详。此变文不出经题，故不知所据为何经。按诸经记降魔事皆先举魔女，次举魔军，变文以魔军居前，次第稍异，其魔女惟《佛说普曜经》作四女，多作三女，变文亦作三女，知所据非《普曜经》。惟押座文有"唱经题名目"之语，则讲前必有唱经题之事无疑也。

这里考证释典载降魔事，较傅芸子稍详，而认为"诸经记降魔事皆先举魔女，次举魔军，变文以魔军居前，次第稍异"，则与传说相同。

按释典中记降魔事，虽多以先魔女、后魔军为次，但并非没有例外者。东晋佛陀跋陀罗译《观佛三昧海经》卷二《观相品》第三之二，记菩萨降魔事，铺叙甚详，其次第则先魔军，后魔女，独异于其他经典。其叙魔女事曰：

> 魔有三女，长名悦彼，中名喜心，小名多媚。时魔三女，至父王所，长跪叉手，为父作礼，启言父王："今日何故，愁悴乃尔？"其父答言："沙门瞿昙，结誓深重，今坐道树，要坏我民，是故愁耳。"女白父言："我能往

乱，愿父莫愁。"即自庄饰，着杂宝冠，容媚挺特，过逾魔后百千万倍。眄目作姿，现诸妖冶。璎珞晃曜，光翳六天。乘羽宝车，安施宝帐，垂诸天华。于华须头，诸化玉女，手执乐器，鼓乐弦歌，声万种音，凡在世人之所喜乐。一一玉女，从五百女，以为侍御，缯盖幢幡，如云而下。身毛孔中，香烟芬馥，有百千色，玄黄昱烁，甚适人目。安详徐步，至菩萨所，下车合掌，礼敬菩萨，旋绕七匝，白菩萨言："太子生时，万神侍御，七宝来臻，何弃天位，来此树下？我是天女，盛美无比，颜貌红辉，六天无双。今以微身，奉上太子，供给左右，可备洒扫。我等善能调身按摩，今欲亲附，愿遂下情。太子坐树，身体疲懈，宜须偃息，服食甘露。"即以宝器，献天百味。

这一段描写紧接在破魔军的描写之后，其次序正与《破魔变文》相同，我们说它对《破魔变文》产生了影响，恐怕不算牵强。但以下的描写又与《破魔变文》不同：

太子寂然，身心不动，以白毫拟，令天三女，自见身内，脓囊涕唾，九孔筋脉，一切根本。大肠小肠，生藏熟藏，于其中间，回伏婉转。踊生诸虫，其数满足，有八千户，户有九亿诸小虫等。虫游戏时，走入小肠，皆有四口，张口上向。大虫游戏，入大肠中，从大肠出，复入胃中。冷病起时，胃管闭塞，虫不得入，故食不消。脾肾肝肺，心胆喉咙，肺腴肝膈，如是中间，复生四虫，如四蛇合，上下同时，唼食诸藏。滓尽汁出，入眼为泪，

> 入鼻为涕，聚口成唾，放口涎流。薄皮厚皮，筋髓诸脉，悉生诸虫，细于秋毫，数甚众多，不可具说。其女见此，即便呕吐，从口而出，无有穷尽。即自见身，左生蛇头，右生狐头，中首狗头，头上化生九色死尸，如九相观。

接下去便是对于"九相观"的淋漓尽致的描写。总之，菩萨是运用"不净观"法门，令魔女观见自身种种秽恶不堪，以此教化魔女。《佛本行集经》与此类似，也有一大段"不净观"的描写。这类描写丑恶得令人哕吐，《破魔变文》没有照搬，而是改用佛指魔女幻化为老母的情节，保持了文字的清洁优美。化老母事，见于《太子瑞应本起经》卷上、《修行本起经》卷下《出家品》、《方广大庄严经》卷十《商人蒙记品》、《众许摩诃帝经》卷六、《过去现在因果经》卷三、《普曜经》卷六。但情形也各有不同，如《普曜经》中，化老母事即是降魔故事的一部分，而在《方广大庄严经》中，化老母事不见于《降魔品》，却载于《商人蒙记品》。《破魔变文》采用的是前一种情节。

总之，降魔故事屡见于释典，然而详略、细节颇有差异。《破魔变文》具有很高的艺术性，"虽形貌朴俗而实恰到好处"（傅芸子语），乃是由于作者善于去取抉择的缘故。孙楷第先生称"此变文不出经题，不知所据为何经"。按讲经文由都讲先唱经文，法师再加讲唱，故必有一定之经本。若变文则演绎佛经故事大意，有时虽也根据某一确定的经本创作，但也常常在博采众经的基础上，进行抉择、融汇、想象，以达到理想的艺术效果，《破魔变文》即是一例。必欲求其所据之特定经本，自然很难如愿了。

（原载《1983 全国敦煌学术讨论会文集（遗书编）》）

《维摩碎金》探索

上海古籍出版社新近出版的《敦煌变文论文录》(周绍良、白化文编),附载苏联所藏押座文及说唱佛经故事五种。其中《佛报恩经讲经文》(即《双恩记》)一种,曾由任半塘先生校录并专文介绍,其余四种都是国内首次刊布。敦煌秘籍,流散域外,我国学人,欲睹无由,今日捧此移录之本,感慨何胜!因就《维摩碎金》一篇,略陈鄙见,此中深意,识者知之。

一

苏联科学院亚洲民族研究所藏唐人卷子ф-101号,尾题《维摩碎金一卷》。"碎金"之语,始见于《世说新语·文学》:

> 桓公见谢安石作简文谥议,看竟,掷与座上诸客曰:"此是安石碎金。"

所谓"碎金"者,言其零碎与珍贵也。宋人晁回有《法藏碎金录》十卷,《四库全书总目》谓其"随笔记载,盖亦宗门语录之类"。

其书亦属饾饤杂纂之作，故名"碎金"也。考之敦煌遗书，伯2058号《大唐进士白居易千金字图》，次行题《郑氏字宝》，而伯2717号则题为《字宝碎金》（《敦煌遗书总目索引》载《字宝碎金》共有四卷），其书依四声分类，每类摘录若干俗语等，用反切注出其中一二字的读音，因其零碎丛杂，故得亦名"碎金"。《敦煌变文集》卷二载《韩朋赋》有云：

> 其妻念之，内自发心，忽自执笔，遂字造书。其文斑斑，文辞砚金（碎锦），如珠如玉。

原文"遂"字当是"逐"字的形讹。"砚金"二字，《变文集》据丁卷校作"碎锦"，其实"金"字并没有错，"碎金"与"碎锦"义同，都是零碎而珍贵之义。是知以"碎金"称呼断简零篇，固古人之常语，而屡见于敦煌遗书者。今考《维摩碎金》，所演绎者为《维摩诘经·佛国品》的一部分，首端残缺，姑置无论；尾端引用经文中宝积所说长偈之前四句，戛然遂止，亦无讲说部分，确乎为一残缺未完之本，是以名为《维摩碎金》。"碎金"也者，为此卷书手匡胤和尚所题，就其篇幅之片断不全而言，并非是此卷原有的正式名称。若从此卷内容及体裁着眼，拟题为《维摩诘经讲经文》可也。

《维摩碎金》卷末有题记三行：

> 灵州龙兴寺讲经沙门匡胤记
> 被原宗坚来，尤泥累日，写尽文书。缘是僧家，不欲奉阻。
> 朔方释客派

"灵州"在今宁夏灵武一带，唐代属于关内道。武德元年设大都督府于此，开元元年设朔方节度使，治所即在灵州。至德元年，肃宗即位于灵武（即灵州），故知灵州为唐代边防重镇之一。中宗景龙中，盛兴佛寺，令诸州立寺观各一所，以"龙兴"为名，灵州龙兴寺当即此时所立，为一州之首刹，朔方大德，多出于此。《宋高僧传》卷十六首有《唐朔方龙兴寺辩才传》，卷二六有《唐朔方灵武龙兴寺增忍传》，亦可见边荒之地，人才固未尝绝也。据《辩才传》载：

> 天宝十四载，玄宗以北方人也，禀刚气，多讹风，列刹之中，余习骑射，有教无类，何可止息，诏以才为教诫，临坛度人。至德初，肃宗即位。是邦也，宰臣杜鸿渐奏才住龙兴寺，诏加朔方管内教授大德，俾其训励，革猃狁之风，循毘尼之道。……永泰二年，贼臣仆固怀恩外招诱蕃戎，内赑金革，才劝勉氊裘，不诛华族。

可知灵州为少数民族聚居之区，民风强悍，影响及于寺院。这便是匡胤生活的环境背景，而他的讲经活动也是在"革猃狁之风，循毘尼之道"的指导路线下进行的。

讲经文是俗讲的底本。匡胤自称"讲经沙门"，其为专职的俗讲僧可知。此卷即为俗讲僧手录的俗讲底本，以供讲经之用。《敦煌变文集》所收《维摩诘经讲经文》（伯2292），也有题记云：

> 广政十年①八月九日在西川静真禅院写此第廿卷文

---

① 后蜀孟昶，公元947年。

书，恰遇抵黑，书了，不知如何得到乡地去。

　　年至四十八岁，于州中窾明寺开讲，极是温热。

这位无名书手，既云"于州中窾明寺开讲"，则其身份也是俗讲僧，应无疑问。以此两卷例之，敦煌石室所出各类讲经文若干种，虽无题记，多数都应该是俗讲僧自手所录，具有实际应用的价值，并非仅由善男信女"发愿"所书，大约也可肯定。以上两卷文书，一卷写于灵州，一卷写于西川，而同时发现于敦煌，这意味着什么呢？这意味着俗讲僧具有很大的流动性，他们携带着自己的俗讲底本，来往于各地寺院之间，不仅散播着佛教的影响，而且交流着俗讲的技艺。过去关于俗讲僧的活动，论者通常举到的是文淑法师和长安的俗讲僧们，其实在俗讲的极盛时期，在中国广大的土地上，到处都留下了无名俗讲僧的足迹，而技艺高超的文淑正是在这种普遍的俗讲活动基础上出现的俗讲专家。

　　《维摩碎金》题记第二行，说明匡胤是一位很勤勉的和尚。"原宗"是僧人名字，"尤泥"义同纠缠、"蘑菇"。匡胤是在应付原宗干扰的情况下，写完这卷《维摩碎金》的。

　　题记第三行中，"朔方"即指灵州。"客派"未详其义，或许匡胤也是挂搭在龙兴寺的客僧吧。

　　敦煌遗书中，年代可考者有迟至公元1002年（北宋真宗咸平五年）的写本。不过《维摩碎金》显然不是宋代写本，因为"匡胤"直犯宋太祖名讳。我以为也不是五代的写本，因为其中有云：

　　一宫之朝士喧喧，满国之女郎队队，便使平持御路，扫洒天街。

试比较《敦煌变文集》卷四所载《降魔变文》：

> 于时风师使风，雨师下雨，隰（湿）却嚣尘，平治道路。

可知《维摩碎金》的"平持"，就是《降魔变文》的"平治"。其实"平治"乃是佛经的习语，试举数例：

《撰集百缘经》卷三《船师请佛渡水缘》："庄严船舫，平治道路，除去瓦石污秽不净。"
《修行本起经》卷上《现变品》："遂行入国，见人欣然，忽忽平治道路，洒扫烧香。"
《佛本行集经》卷七《俯降王宫品》："即敕有司，其迦毘罗城及提婆陀河两间之中，平治道路，除却一切荆棘沙砾粪秽土堆。"

上引都是唐代以前的译经，皆作"平治"，而《维摩碎金》不作"平治"而作"平持"者，避唐高宗讳也。这便是《维摩碎金》写于唐代的证明。不过《降魔变文》已知创作于天宝七载至八载（公元748—749年）之间，是产生年代较早的变文之一。那么，为什么它反而不避高宗讳呢？这是因为创作年代不等于抄写年代。《册府元龟》卷五九一载：

> 仪礼使奏："……今顺宗神主升祔礼毕，高宗、中宗神主上迁，则忌日并不合行香，仍依礼不讳。"制可。

这是唐宪宗元和元年（公元806年）的事。是知元和以后，法定不再避高宗讳了。而《降魔变文》原卷应该就是公元806年以后的抄本。

《敦煌变文论文录》附载另有《维摩经讲经文》一种（苏联科学院亚洲民族研究所藏唐人卷子ф-252），有云：

> 然后严持觉路，度接众生。

这个"严持"也应是"严治"，避讳而改。而"严治"也是佛经习语，如：

> 《普曜经》卷四《四出观品》："太子将无欲行游观？当敕四衢，严治道路。"
>
> 《过去现在因果经》卷二："即语外司，严治道路，并及园林。"
>
> 《佛本行集经》卷三《发心供养品下》："闻已喜欢，严治道路，所有杂秽，悉使耘除。"

可见《维摩碎金》与《维摩经讲经文》（ф-252）都讳"治"作"持"；此外，它们还有共同的特殊误字，如"排比"，两卷各有一处误作"排谐"（《敦煌变文集》所收《维摩诘经讲经文》，据《西陲秘籍丛残》校录者，也有一处"排比"误作"排谐"），我以为它们是同时创作的相关作品。后者（ф-252）尚有：

> 对大圣而言难接续，状层梯构空阔之云；问上人而语恨迟达（？），类短索搁探（深）泉之水。

似将矩（短）索探深泉，我今恐辱（如来使）。

以上两处的"泉"字，我以为都应是"渊"字，避唐高祖讳也。是则ф－252号卷子与《维摩碎金》同为唐人所书卷子，当无疑问。至于是否因为它们同讳"治"字，便断言它们都抄于元和元年（公元806年）之前呢？这却未必。因为民间书手避讳，自有习惯势力在起作用。若就它们的艺术表现水平看来，应该是讲经文成熟期的作品，所以我猜想它们的创作和抄写都在晚唐时期。

二

《维摩诘经》现存三种译本：《佛说维摩诘经》二卷，吴支谦译；《维摩诘所说经》三卷，姚秦鸠摩罗什译；《说无垢称经》六卷，唐玄奘译。《维摩碎金》所据经本系鸠摩罗什译本，这是和其他各种《维摩诘经讲经文》一致的。其内容系演绎本经《佛国品》的一部分。现存文字又可分为三部分：

第一部分，存讲说部分之后半，前半和经文都已阙失。据残存内容，知所演绎的经文应是"彼时佛与无量百千之众，恭敬围绕，而为说法。譬如须弥山王显于大海，安处众宝师子之座"。至于此前是否还有残失，不得而知。

第二部分，演绎经文"尔时毗耶离城有长者子，名曰宝积，与五百长者子俱持七宝盖"云云一段，经文与讲说部分具足无缺。

第三部分，只引经文中宝积所赞长偈的前四句，没有讲说部分。但这并非残失，而是原卷抄写至此为止。

《维摩碎金》的披露，使人们恍然明白了一个事实：现存的各种《维摩诘经讲经文》,并非全部出自一个系统,即并非都是同一部完整的长篇《维摩诘经讲经文》的残存碎片。相反,它们至少来自两个系统,出自两部不同的长篇《摩诘经讲经文》。

《敦煌变文集》共收录《维摩诘经讲经文》六种七卷,兹以甲乙次第于下:

(甲)斯4571,原无标题。

(乙)斯3872,原无标题。

(丙)伯2122,原无标题。

(丁)伯2292,原无标题。

(戊)北京光字94号,前题《持世并第二》,尾题《持世并第二卷》;伯3079。

(己)《西陲秘籍丛残》本,标题原有,尾题《文殊问疾第一卷》。

其中丙种(伯2122)全是唱词,并无说白,亦无经文。唱词分两部分:前半部分无标题,内容隐括本经《佛国品》大意;后半部分标题《方便品》,内容隐括本经《方便品》大意。其中有"只此维磨(摩)三卷经"之语,知所据经本亦为鸠摩罗什译三卷本。《敦煌变文集》卷七收有《维摩诘经押座文》一种,全系唱词,内容则隐括全经大意。我以为丙卷(伯2122)不属于讲经文之类,应从《维摩诘经讲经文》中剔除不计。

《敦煌变文论文录》附载苏联所藏押座文及说唱佛经故事五种,也有《维摩诘经讲经碎文》两种,续次于下:

(庚)即《维摩碎金》。

(辛)即ф-252号,原无标题。

《维摩诘经讲经文》是规模极其宏伟的巨著。现存的七种片段(剔除伯2122)所演绎的经文,全在本经前五品(《佛国品》至

《文殊师利问疾品》）中，而全经共有十四品，即还有将近三分之二的经文的讲经文迄未发现（假定它们有讲经文的话）。即使在前五品中，所存讲经文也已残缺不全。例如《弟子品第三》叙述世尊历遣十大弟子诣维摩问疾，皆推辞不任，这十大弟子是：一舍利弗，二大目犍连，三大迦叶，四须菩提，五富楼那，六迦旃延，七阿那律，八优波离，九罗睺罗，十阿难。《菩萨品第四》叙述以下四位菩萨推辞问疾（接上排列）：十一弥勒菩萨，十二光严童子，十三持世菩萨，十四善德长者。《文殊师利问疾品》则叙述了十五文殊师利前往问疾事。现在十一至十五的讲经文都已发现，而有关一至十（即《弟子品》全品）的讲经文却渺无踪迹。是否这十节原本就不曾被俗讲僧铺演为讲经文呢？不，当初一定是有讲经文的，因为在十一弥勒菩萨故事（丁种）的开端，世尊曾回顾了十大弟子推辞问疾的事：

吾之弟子，十大声闻，寻常尽觅于名能，诚使多般而辞退。舍利弗林间宴坐，瞰被轻呵。目犍连里巷谈经，尽遭摧挫。大迦叶求贫于（舍）富，平等之道理全乖，须菩（菩提）求富舍贫，（解）空之声名虚忝。富楼那、迦旃延之辈，总因说法遭呵。阿那律、优波离之徒，尽是目逢自风被辱。罗睺说出家有利，不知无利无为。阿难乞乳忧疾，不了牟尼示现。总推智短，尽说才微，皆言怕惧维摩，不敢过他方丈。

这说明原本在弥勒问疾讲经文之前，确实存在过十大弟子问疾讲经文，因为从现存几种问疾故事讲经文来看，在每段故事开始之时，一定要回顾此前问疾故事的内容。例如十大文殊问疾故事

（己种）开头，仏（佛）敕文殊道：

> 吾为维摩大士，染疾毗耶，金粟上人，见眠方丈。会中有八千幷，筵中见五百个声闻，从头而告尽遍差，至仏（佛）而无人敢去。舍利弗聪明第一，陈情而若不堪任。迦叶是德行最尊，推辞而为年老迈。十人告尽，咸称怕见维摩；一会遍差，差着者怕于居士。吾又见告于弥勒，兼及持世上人，光严则辞退千般，善德乃求哀万种。堪为使命，须是文殊。敌论维摩，难偕妙德。

于此可见舍利弗、迦叶等十大弟子问疾的讲经文，同弥勒、光严、持世、善德等问疾的讲经文一样，是确实存在过的。

戊种（北京光字94号）尾题《持世幷第二卷》，这"第二卷"是指持世上人问疾故事的卷次，并非全部《维摩诘经讲经文》的卷次。因为经文中佛遣持世问疾的因由，现存讲经文中全无踪影，这应该就是《持世菩萨》第一卷的内容。现存讲经文中只演绎了持世谢绝魔王引诱的一部分内容，经文中尚有维摩诘教化魔女的一大段，应该就是《持世菩萨》第三卷（也许还有第四卷）的内容，因此仅持世问疾故事，即在三卷以上。己种（《西陲秘籍丛残》本）尾题《文殊问疾第一卷》，这也是文殊问疾故事的卷次，整个文殊问疾故事共有几卷，已不可知了。而丁种（伯2292）题记有"写此第廿卷文书"之语，我以为这里的"第廿卷"是指在全部《维摩诘经讲经文》中的卷次。丁种所演绎的经文是《菩萨品第四》的前半部分，已排至第二十卷，则全部经文十四品的讲经文规模之宏伟，可想而知。这里实际上已经孕育了后来章回体长篇白话小说的萌芽。

倘若从演绎《维摩诘经》经文的先后次序着眼,则现存七种讲经文可依次排列为:A. 甲种、庚种;B. 乙种;C. 丁种;D. 戊种;E. 辛种;F. 己种。其中最可注意者,是甲种与庚种(《维摩碎金》)相重叠的现象。在《敦煌变文集》所收录的几种《维摩诘经讲经文》中,因为不存在重叠现象,因此人们不妨把它们视为同一长篇讲经文的各个碎片。而《维摩碎金》的公布迫使人们改变看法,因为它和斯 4571 相重叠的部分,词句完全不同。这两种讲经文显然出自两个系统,说明在唐代至少有两种以上的长篇《维摩诘经讲经文》,通过俗讲僧之口,在广大的土地上传播着。倘若有人将现存七种讲经文细加董理,弄清它们各自的来龙去脉,将不失为一件有价值的工作。

《维摩诘经讲经文》规模如此宏伟,而且不止一种文本,这反映了当时各地俗讲僧开讲《维摩诘经》的繁盛情况。向达《唐代俗讲考》第三节《俗讲的仪式》,引用伯 3849 号卷子,即记有俗讲中开讲《维摩经》的仪式。就内容言,《维摩诘经》极力渲染维摩诘居士的神通广大和法理精深,而这一切无须出家修行,只要在家主观修养,即可达到。这特别适合世俗地主及其他在家俗人的口味,而受到他们的欢迎。在敦煌所出的众多佛经写本中,据姜亮夫先生统计,《维摩诘经》在数量上居第五位,说明它是相当流行的。唐代著名艺术家,都有取材于《维摩诘经》的作品,如吴道子壁画有荐福寺《维摩本行变》、安国寺《维摩变》、菩萨寺《维摩变》,杨惠之彩塑有天柱寺《维摩像》,大诗人王维字摩诘,亦曾屡画维摩诘像,他晚年的居士生活确实是在向维摩诘看齐。而早在唐代以前,东晋顾恺之的瓦棺寺《维摩诘经变》就获得盛名了。在敦煌石窟中,《维摩变》的壁画不下六七十铺,其中有一些是敦煌壁画中的珍品。从文学角度看,《维摩诘经》诚然是宗教宣传品，不过它有贯穿的中心人物，精巧的结构，戏剧性的情节，妙语如珠，趣味盎然，是俗讲僧们驰骋想象的最佳素材，也容易受世俗听众的欢迎。因而《维摩诘经》俗讲的一度繁盛，并不是偶然的现象。

三

《维摩碎金》与斯4571号卷子的部分重叠，提供了一种机会，使我们得以比较它们的异同。为方便计，我们选择两种卷子重合而又都完整保存的那一部分，略作比较。这部分所演绎的经文是《佛国品》中"尔时毗耶离城有长者子，名曰宝积，与五百长者子俱持七宝盖，来诣佛所"一段。

首先，我们发现在经本中，维摩诘居士是在第二品《方便品》中方始首次出现的，在《佛国品》中并没有维摩诘这一人物。而在两种讲经文中，维摩诘都俨然以主角身份登场，演出了教化宝积等五百长者子的有声有色的戏剧。这大概是因为在以维摩诘为主角的长篇讲经文中，如果维摩诘迟迟不露面，未免会使听众扫兴。讲经文的这些虚构和想象，丰富了故事情节，投合了听众心理，是真正带有创作性质的艺术加工，这说明俗讲僧在讲经时有着较大的创造余地。而两种不同的系统的讲经文都虚构了类似的情节，说明它们之间有着相互影响的血缘关系。

不过，在《维摩碎金》中，全部虚构集中于维摩诘教化宝积等五百长者子的故事，且加以淋漓尽致的描写。而在斯4571中，除了上述内容外，还虚构了维摩诘途中卧病的情节，作者着力的重点似乎放在后一情节上。从全部讲经文的整体结构看，这一虚构是十分高明的,它为后文埋下了伏线,使以下问疾故事得以顺理成章地自然出现。

从艺术表现的角度看,两种讲经文各有长处。斯4571描写文殊卧丈室,惜别之际,还吟成"数偈"(其实是联章七律),谆谆教化宝积,前往庵园礼佛。最后一偈是:

分襟此处最恓惶,不得陪随入道场。
深羡九宫清信士,欢忻先礼白毫光。
金枝一一排龙象,宝盖双双斗凤凰。
唯我此时难去得,逡巡定是我无常。

把生离写成死别,把宝积礼佛的欢欣和自身"无常"的嗟叹交织在一起,选择这样一个特写的场合来进行教化,这种戏剧性的构思无疑是很能打动听众的。而宝积也回答居士道:

暂时分手,倾克(顷刻)别离,辞居士兮千难万难,礼大圣兮任去便去。伏望居士,善为将息,好自调和。红炉温长子之汤,渌醋(醯)下公卿之药。况已时光寂莫(寞),窗前之萧洒清风;节序凋零,砌畔之芬非黄葉(叶)。满枕之蝉声聒聒,盈门之秋色浓浓。偓(偃)卧高床,尪羸壤空(室)。居士之病容转盛,喘息微微;吾曹之愁色倍深,呼嗟急急。我等蒙维摩提持恩切,法乳(语)情深,谁知居士缠眠(绵),变作王孙病苦。临临取别,依回而愁结双眉;渐渐分襟,攀仰而泪垂丹脸。看天失色,望日无光。凝思而惆怅盈怀,暗想而呜呼满抱。皆和泪语,总带愁颜。切须保摄精勤,莫使缠眠

（绵）更甚。我等暂瞻大圣，略礼慈尊，逡巡便出庵园，倾克（刻）却看居士。

这段文字把宝积前去礼佛，而又难舍维摩的心理状态，生动细腻地描写出来。善于刻画人物内心冲突，可说是这段讲经文的突出优点。

《维摩碎金》虽然略逊一筹，但也有自己的特点，即长于场面的铺张渲染。例如其中有"一是，宝积菩萨承居士教化，当下心回，对居士面前，叙其往日"云云，这一段对往日奢华生活津津乐道的追忆，本来毫无必要，是俗讲僧为了迎合听众趣味而故意编派出来的。其中四季欢乐的铺陈：

> 其春也，柳烟初坠，媚景深藏，翻飞带语之鹦，花蕊半开似坼（坼）。雨妆台色，风撼帘声。一窗之春影喧喧（暄暄），满地之日光脉脉。宫中丽美，开门之碧沼添流；殿上韶光，枕上之高山叠生。
>
> 其夏也，可谓阳和淡薄，暑气深浓，一栏之翠竹摇风，万树之樱桃带雨。长铺角簟，如一条之碧水初岁；净拂玉床，若八尺之寒冰未散。薄罗为帐，轻彻染衣。殿深而炎热不侵，阁回而清凉自在。闲云当户，如片片之奇峰；老桧倚檐，似沉沉之洞（洞）水。
>
> 其秋也，可谓霜雕红叶，雨滴疏桐，高天之雁叫寒风，远砌之螿鸣朗月。苍苍山色，戴云而悤入龙楼；咽咽蝉声，和露而声喧凤阙。丹庭半夜，紫禁初霄（宵），闻千家砧捣之时，听万户管弦之处。倚栏金菊，馨香直至于罗帏；映阁寒松，声韵每穿于绣榥（幄）。云云。

> 其冬也，可谓霜凝玉砌，冰洁金塘，雪敲于夜枕之窗，风撼于寒庭之竹。星移碧落，宁知洞室之寒；灯影银㸌，不觉锦衾之冷。

这段骈文词藻华美，采用春夏秋冬四季铺排的方式，可以看出汉赋的影响。与其说是在批判宝积的骄奢荣华，不如说是在宣扬这种生活方式，真是"劝百而讽一"。不过后来白话小说以骈语写景的套式，不也可以从这里找到根源吗？总之，讲经文是俗讲的底本，而俗讲是以宣传宗教和聚敛布施为其目的，虽然由于争取听众的需要，不得不有某种世俗化倾向，但这基本上没有改变它作为封建主义文化的性质。另一方面，俗讲对后来各种讲唱文学的影响，是学者们一致公认的。从这个意义上说，俗讲艺术的完善、提高和成熟，应该说是文学史上的一种前进性运动——这正是我们重视《维摩碎金》和其他俗讲底本的原因。

（原载《南开学报》1983年第2期）

敦煌变文字义析疑

蒋礼鸿先生著《敦煌变文字义通释》（上海古籍出版社1981年增订本，下简称《通释》），精深详赡，洵为大著。书后附录《变文字义待质录》（下简称《待质录》），汇记"变文里不能解释的词儿"，"期待大家指教"，虚怀求益，尤足钦仰。兹就《待质录》中若干条目试加校释，以表响应。《通释》正文中若干可商条目，亦附论于文末。

楑水蓬飞

《伍子胥变文》："先锋引道路奔腾，排批舟船横军渡，水所由修造楑水蓬飞。"（《敦煌变文集》，第20页，下不标书名者均引自此书）《待质录》收入"楑水蓬飞"条，云："'楑水蓬飞'疑是舟船一类渡水的用具，'水所由'是执掌渡水的吏人。"

楚按：这段文字扞格难读，原因有二：一、原文应是散文，《变文集》误作韵文排列；二、句读错误。正确的断句应该是："先锋引道"为一句。"□路奔腾"为一句，应夺一字。"排批舟船"为一句,"排批"就是"排比",安排和准备的意思,已见《通释》第四篇。"横军渡水"为一句。"所由修造"为一句,"所由"指督造舟船的吏人,如《唐律疏议》卷九:"诸御幸舟船,误不牢固者,工匠绞。"原注:"工匠各以所由为首。"知唐代造船工匠,确由所由督领。"楱水蓬飞"为一句,"楱"字应是"模"字的形讹,本篇还有"捻脚攒形而暎树"(页四)之语,"暎"字即是"暎"(映)字的形讹,错误与此处类似。而此处的"模"又是"驀"的借字,《说文》:"驀,超越也。""驀水"即渡水之义,《王昭君变文》正有"驀水频过及敕戍"之语。"蓬飞"形容快速,亦唐人习语,本篇同页即有"子胥遂(逐)后奔驰,状如蓬飞扑火"之语,又张鷟《朝野佥载》卷六:"裴旻为幽州都督,孙佺北征,被奚贼围之。旻马上立走,轮刀雷发,箭若星流,应刀而断。贼不敢取,蓬飞而去。"据上所说,"驀水蓬飞"乃是飞速渡河之意。

旨 拨

《李陵变文》:"仍差有旨拨者,西南取红挠山入,东南取骆驼峰已来,先令接应。"(第85页)这里说的是匈奴单于调遣兵马的事。《待质录》收入"旨拨"条。

楚按:此处的"旨"字应是"叱"字的形讹。"叱拨"是西域良马名,李石《续博物志》卷四:"天宝中,大宛进汗血马六匹,一曰红叱拨,二曰紫叱拨,三曰青叱拨,四曰黄叱拨,五曰丁香叱拨,六曰桃花叱拨。"岑参《玉门关盖将军歌》:"枥上昂昂皆骏驹,桃花叱拨价最殊。"元稹《望云骓马歌》:"登山纵似望云骓,平地还饶红叱拨。"白居易《和张十八秘书谢裴相公寄马》:"齿齐膘足毛头腻,秘阁张郎叱拨驹。"又《赠杨使君》:"银衔叱拨欺风雪,金屑琵琶费酒浆。"《太平广记》卷三四九《韦鲍生妓》(出《纂异记》):"韦乃召御者,牵紫叱拨以酬之。"明陈继儒《枕谭·叱拨》:"唐诗'紫陌断嘶红叱拨'。叱拨,马名。"变文中的"叱拨",则为胡马的泛指之称。

亡空便额、忘空便额

《庐山远公话》记贱奴善庆随相公听道安说法,中途止住经题,高声指问:"未审所讲是何经文?为众诸(诸众)生,宣扬何法?谁家章疏,演唱真宗?欲委根元,乞垂请(讲)说。"道安闻语,作色动容,啧(责)善庆曰"亡空便额,我佛如来妙典,义里(理)幽玄,佛法难思,非君所会。不辞与汝解脱(说),似顽石安在水中,水体姓(性)本润,顽石无由入得"云云。于是善庆闻语,转更高声,遥指道安,怒声斥责,有"贱奴拟问经文,座主忘空便额"的话。(见185、186页)《待质录》收入"亡空便额、忘空便额"条,云:"'亡空便额'是斥责的话,不知是什么意思。《太平广记》卷五十五引《玉堂闲话》:'江南人呼轻薄之辞为覆窠。''亡空'或者是'覆窠'声近转成的。《封氏闻见记》卷十,'查谈'条:'宋昌藻,考功员外郎之问之子也。……刺史房琯以其名父之子,常接遇之。会有中使至州,琯使昌藻郊外接候。须臾却还,云:"被额"。房公……顾问左右何名为"额",有参军……对曰:"查名诋诃为额。"近代流俗,呼丈夫妇人纵放不拘礼度者为"查"。又有百数十种语,自相通解,谓之

"查谈"，大抵近猥僻.'"查谈"中的"额"，不知和这里有没有关系。"

楚按：此处"亡空""忘空"都应作"望空"。"亡"字是"忘"字之讹，而"忘"字与"望"字同音通用，变文中屡见，如本篇前文："莫知命若悬丝，不忘（望）再活。"（179页）《伍子胥变文》："乞为指南，不敢忘（望）食。"（5页）此即是"忘"借作"望"之例。而《伍子胥变文》："贵人多望（忘）错相认，不省从来识娘子。"（10页）《大目乾连冥间救母变文》："忽若一朝登圣觉，莫望（忘）娘娘地狱受艰辛。"（736页）此则是"望"借作"忘"之例。而"望空"则是凭空之义，此义是从"眼望空中"引申而来的，如《抱朴子·外篇·汉过》："嫩看文书，望空下名者，谓之业大志高。"《文选》卷四九干宝《晋纪总论》："当官者以望空为高，而笑勤恪。"吕延济注："望空谓不识是非，但望空署白而已。"《景德传灯录》卷二七，天台寒山子"或廊下徐行，或时叫噪，望空慢骂"。北宋富弼《论河北流民》："亦有去年先令人来请射，或买置田土，稍有准备者；亦有无准备望空来者。"（《宋文鉴》卷四五）所谓"望空来者"，指事先毫无准备，贸然凭空而来的流民。元石君宝《紫云庭》杂剧第一折《醉中天》："我唱道那双渐临川令，他便脑袋不嫌听。提起那冯员外便望空里助采声，把个苏妈妈便是上古贤人般敬。"是说盲目地吹捧冯员外，"望空"也是凭空无据之义。

至于变文中的"额"，是否与《封氏闻见记》中所记"查谈"中的"额"有关呢？我以为是有关的。段成式《酉阳杂俎》续集卷四《贬误》："予别著郑涉，好为查语，每云'天公映豕，染豆削棘，不若致余富贵'。至今以为奇语。盖释氏《本行经》云：'自穿藏阿逻仙言，磨棘画羽为自然义。'盖从此出也。"这里说的

"查语",便是《封氏闻见记》所说的"查谈"(《唐语林》卷五载上引房琯事,正作"查语")。日本僧人遍照金刚(空海)《文镜秘府论》南卷《论文意》:"调笑叉语,似谑似谶,滑稽皆为诗赘,偏入嘲咏,时或有之,岂足为文章乎?"遍照金刚是日本遣唐留学僧,《文镜秘府论》是他返回日本后所作,实际上反映了唐代文学、语言面貌。他所说的"叉语",也正是《酉阳杂俎》所说的"查语"。上述材料反映了唐代"查谈""查语""叉语"流行的情况。不但有"百数十种语,自相通解",而且不限于口语,已经进入了文学创作,成为"诗赘",其取义且有出自释典者,而且"时或有之",已不是偶然现象,以致《文镜秘府论》有特别提出批判的必要。从时间上考察,《封氏闻见记》所记房琯任刺史是天宝年间的事,遍照金刚留学中土则是贞元二十年至元和元年的事,而《酉阳杂俎》的作者段成式则是与李商隐、温庭筠齐名的晚唐作家。可见"查语"从盛唐直至晚唐流行不衰,而且为各阶层的人们所熟悉。中使能用,郑涉爱说,宋昌藻能懂,参军能解释,段成式且能溯源追根。房琯不懂,则是因为他是"淡雅之士"(《封氏闻见记》语),其实"查语"已为"流俗"所共解。这种独特的语言现象,曾在一个相当长的历史时期内流行过,并产生了广泛的影响。变文作为一种通俗文学作品,吸收了个别"查谈"词语,这是完全可能的。《庐山远公话》中的"额"正是这种"查谈"词语。

据上所说,"亡空便额""忘空便额"都应作"望空便额",凭空责骂之义。以此义解释变文,文意允当。身为贱奴的善庆竟然打断讲经,追问道安章疏的来源,这实际包含了对道安的怀疑和追究,故道安责善庆曰"望空便额",斥责善庆凭空怀疑,无理取闹。而道安把善庆比作"顽石",违背了佛教平等之义,故善庆怒责道安"贱奴拟问经文,座主忘空便额",反斥道安的辱骂毫无道理。

朋博

《燕子赋》:"不分黄头雀,朋博结豪强。"(264页)《待质录》收入"朋博"条。

楚按:"朋博"就是"朋比","博""比"乃一声之转。"朋比"为结党阿附之义,如《旧唐书·玄宗纪》史臣曰:"朋比成风,廉耻都尽。"《新唐书·选举志》:"向闻杨虞卿兄弟朋比贵势,妨平进之路。"《唐摭言》卷二《废等第》:"奥学雄文,例舍于贞方寒素;增年矫貌,尽取于朋比群强。"梅尧臣《请躬诗》:"所禀介且性,尝耻朋比为。"这些"朋比"和变文中的"朋博"用法相同,证明"朋博"就是"朋比"。而"朋比"则是"朋党比周"的凝缩形式,如《说苑》卷二《臣术》:"谄言以邪,坠主不义;朋党比周,以蔽主明。"

大照、斩候

《维摩诘经讲经文》:"一切天人皆到会,果然见一病维摩。多将汤药问因依,大照国师寻斩候。"(579页)《待质录》收入"大照、斩候"条,云:"'照'字或是'瞰'字的错误。"

楚按:校"照"作"瞰",原文仍不可通。此处"大照"当作"待诏"。"大"与"待"同音通用,如《妙法莲华经讲经文》:

"众生大(待)拟出兴,未知谁人救拔?"(503页)《太平广记》卷二二三《李潼》(出《传载》)载"韦处厚在开州也,尝有李潼、崔冲二进士来谒,留连月余日。会有过客西川军将某者能相术,于席上言:'李潼三日内有虎厄。'后三日,处厚与诸客游山寺,自上方抵下方,日已暮矣,李先下,崔冲后来。冲大呼李云:'待冲来!待冲来!'李闻'待冲来'声,谓虎至,颠蹶,坠下山趾"。由于"待冲来"与"大虫来"音同而产生误会,即"大""待"同音之证。"照"字则是"诏"字之讹。"待诏"是对医人的尊称。唐制,翰林院待诏中,包括有医人在内。《旧唐书·职官志》:"其待诏者,有词学、经术、合炼、僧道、卜祝、术艺、书弈,各别院以禀之,日晚而进。"医人属于"术艺"类中。《新唐书·百官志》:"翰林院者,待诏之所也。唐制,乘舆所在,必有文词、经学之士,下至卜、医、伎术之流,皆直于别院,以备宴见。"张祜《病宫人》:"花颜有幸君王问,药饵无征待诏愁。"这里的"待诏"就是医生。在变文中,"待诏"与"国师"并列连文,它们的意义可以互证。"国师"也是对医人的尊称,《搜神记》"樊寮"条:"寮欲唤师针灸,恐痛。"师即医生。《王昭君变文》:"炼药须岐伯,看方要巽离,此间无《本草》,何处觅良师?"(102页)良师即良医。《欢喜国王缘》:"即便检药寻医,拟延女命。国师财(才)见,尽说不能。"(775页)国师即国医。《太平广记》卷二一九《田令孜》(出《玉堂闲话》):"时田令孜有疾,海内医工召遍,至于国师待诏,了无其征。"这里"国师"与"待诏"连用,与变文相同,最能证明"待诏"的含义。"国师"和"待诏"本来专指御医,民间则作为一般医人的尊称。

至于"斩候",疑当作"证候","斩"字是"证"字的音讹。《广韵》上声五十三豏:"斩,侧减切。"属正齿二等字。又去声四十七证:"证,诸应切。"属正齿三等字。据罗常培《唐五代西北方音》所说,"正齿音的二三等不分",则"斩""证"二字在唐五代西北方音中,声母是相同的。罗书又举出以"庚"注"侵"之例,以此类推,"斩""证"的韵尾也应该相近,则"证"字误写作"斩"字是完全可能的。变文中"寻证候"与"问因依"对举,意义相似。上句是说国王太子等人来探问维摩诘病情,下句是说医生们会诊以寻找维摩诘的病因。

游 泥

《大目乾连冥间救变文》:"狱中罪人,生存在日,侵损常住游泥伽蓝,好用常住水果,盗常住柴薪,今日交伊手攀剑树,支支节节皆零落处……"(726页)《待质录》收入"游泥"条,云:"'游泥'疑即《云谣集杂曲子》洞仙歌词'少年夫婿,向渌(绿)窗下佐(左)偎右倚;拟铺鸳被,把人尤泥'的'尤泥'。词意谓缠绕不休,变文则谓无休止地侵扰伽蓝。"

楚按:《变文集》以"侵损常住游泥伽蓝"连读,非是;《待质录》于"住"字下点断,极确,"常住"即指寺院的公有财产。但谓"游泥"疑即"尤泥",则尚可商议。窃谓"游泥"当作"淤泥","游"字盖"淤"字形讹,"淤"字往往与"污"字混用。"污泥"与"侵损"对举,也用作动词,犹云弄脏,如卢仝《冬行三首》之三:"不敢唾汴水,汴水入东海,污泥龙王宫,恐获不敬罪。""污泥"亦弄脏之义。佛教以"污泥伽蓝"为恶业,死后当受罪报,此意见于释典者,如唐义净译《根本说一切有部毗奈耶出家事》卷四:"尔时具寿僧护白佛言:'我于彼处,见诸有情,其形如墙,或如柱树,如叶花果,或如扫帚铞杓曰形,彼于前身当作何业,受如斯报?'佛告僧护:'……汝之所见形如墙者,彼诸众生污泥僧伽墙壁,所以得如是报。'"佛所云"污泥僧伽墙壁",即是变文中的"淤泥伽蓝"。又日本中村不折氏藏敦煌卷子《礼忏文》(收入《大正藏》卷八五古逸部),历数种种恶业,有云:"乃至嫉妒,心行不忍,由(犹)如虎狼,由如罗刹,寺舍往来,践踏污泥,饮酒食肉,无厌无足。"其中"寺舍往来,践踏污泥"二句,正可作变文"淤泥伽蓝"之注脚。

螏盉兔望丝

《大目乾连冥间救母变文》:"众生出没于轮网,恰似螏盉兔望丝。"(737页)《待质录》收入"兔望丝"条,云:"'望'疑为'网'字之借。"

楚按:"螏盉"颇费解。"盉"字不见于字书,"螏"字见《方言》卷十一"蜻蛉"郭璞注:"淮南人呼为螏蚏。"此也无"螏盉"一说。我以为这两个字当作"唐蒙",盖因"螏""唐"二字部分相似,"盉""蒙"二字部分相同,因而致误。至于"兔望丝",《待质录》疑"望"字为"网"字之借,可从。但"兔网丝"仍费解,"网"字当放在"兔"字之前。据上说,此句当作"恰似唐蒙网兔丝",则文意豁然贯通了。

《尔雅·释草》:"蒙,王女。"郭璞注:"蒙即唐也,女萝别名。"《释草》又曰:"唐蒙,女萝。女萝,菟丝。"可见"唐蒙"就是女萝;但女萝似乎又是兔丝(即菟丝)。《诗·小雅·頍弁》:"茑与女萝,施于松柏。"《毛传》:"女萝,菟丝也。"但《广雅·

释草》则曰:"女萝,松萝也。"其说不同。变文中"唐蒙"与"兔丝"分提,则"唐蒙"(女萝)当指松萝,与兔丝并非一物。兔丝是缠绕性草本植物,而松萝则多悬垂飘拂于松枝之下,这两种植物纠葛缠绕在一起,自然是极难拆开的,这一点经常被历代文学作品所取喻,如《文选》卷二九载古诗:"与君为新婚,兔丝附女萝。"李白《古意》:"君为女萝草,妾作兔丝花。轻条不自引,为逐春风斜。百丈托远松,缠绵成一家。"虽然说的都是男女之情,而取喻的着眼点则在于这两种植物的纠葛难分。而变文中"众生出没于轮网,恰似唐蒙网兔丝",则是说众生沉沦于六道轮回的罗网,难以解脱,犹如女萝与兔丝难解难分。

嚲

《目连变文》:"目连出俗证阿罗,六通自在没人过;身往虚空嚲日月,傍游世界遍娑婆。履水如地无摇动,入地如水现腾波;忽下山宫澄禅观,威凌相貌其巍峨。"(757页)《待质录》收入"嚲"条。

楚按:《目连变文》写目连证得阿罗汉果后,获得三明自在,六用神通,能游大千世界,石壁不得障碍。这段引文便是对目连显示神通的描写。"嚲"字其实就是"弄"字之讹,"弄日月"极言神通广大,可以戏日月于掌上,这是佛经描写自在神通的习惯说法,如《佛本行集经》卷四二,《迦叶三兄弟品下》:"此之日月如是威德,而能以手摩扪捉持……此是如来现身神通。"《大智度论》卷二写憍梵钵显示神通:"说是言已,入禅定中,踊在虚空,身放光明。又出水火,手摩日月,现种种神变。"以上经论中的

"以手摩扪捉持","手摩"就是《目连变文》的"弄"。类似的描写,在变文中不止《目连变文》一处,如《维摩诘经讲经文》:"上住须弥福德强,平扶日月感(威)神瞰。"(530页)又一处:"乾坤摧吸峇,日月平澜彰。"(546页)"吸"字是"岌"字之讹,"岌峇"形容轰鸣之声,见《文选》卷十八马融《长笛赋》"雷叩锻之岌峇兮",李善注:"言音如雷之叩锻,岌峇为声也。……岌,苦协切;峇,苦合切。""澜彰"是"拦障"之讹,《翻译名义集》卷四"罗睺"条,正有"举手掌障日月,世言日月蚀"之语。《维摩诘经押座文》:"智力神通难可测,手摇日月动须弥。"(829页)以上引文中的"手摩日月""平扶日月""日月平澜彰""举手掌障日月""手摇日月"等说法,都与《目连变文》的"弄日月"意思一样,可以作为"㪍"当作"弄"的证明。

趗趞

《百鸟名》:"涛河鸟,脚趗趞,寻常傍水觅鱼吃。"(852页)甲卷作"历刺"。《待质录》收入"趗趞"条,云:"按《广韵》入声二十三锡韵:'趗,郎击切。趗趞,行貌。'又二十二昔韵:'趞,七迹切。趗趞,行貌。'《教坊记》曲名有历刺子,'刺'是'剌'的俗体,'趗趞''趗趞''历刺''历剌'都是一个词的异写。《景德传灯录》卷二十三,襄州洞山守初大师语:'卖鞋老婆脚趗趞。'《广韵》只说'行貌',究为何种状态,略而不详。1935年刻本《云阳县志》卷十四,礼俗下,方言上:'趗趞,爽快也。'引《传灯录》语,又云:'读若利率。'根据这个'读若',应即现代语的'利索'。但是'率''趞'读音不同,《县志》所释,未必可据。"

楚按：《百鸟名》引文中，"涛"字当作"淘"字。《尔雅·释鸟》："鹈，鴮鸅。"郭璞注："今之鹈鹕也。沈水食鱼，故谓之洿泽，俗呼之为淘河。"陆玑《毛诗草木鸟兽虫鱼疏》卷下亦曰："鹈，水鸟，形如鹗而极大，喙长尺余，直而广，口中正赤，颔下胡大如数升囊，好群飞，若小泽中有鱼，便群共抒水，满其胡而弃之，令水竭尽，鱼在陆地，乃共食之，故曰淘河。"可见"涛河鸟"就是淘河鸟，即鹈鹕。而"趃赸"则是对于鹈鹕脚的形容。《待质录》谓《云阳县志》释为"爽快"，即现代语的"利索"，未必可据，良是。这里再引另一条方志的材料。同治甲子（1864年）重刊本《广东通志》卷九二，《舆地略》十："裸体曰䣛躹。"原注："音赤历。"光绪十八年（1892年）刊本《电白县志》卷三亦有相同的记载。按《集韵》入声二十一麦韵："䣛，古获切。䣛躹，倮也。"又二十三锡韵："躹，狼狄切。䣛躹，倮也。"据此，"䣛"字读音并非如《通志》所注音"赤"，则"䣛躹"与"赤历"并非一码事。但这并不意味着这条材料没有价值，它说明在近代广东方言中，"赤历"确有裸体之义。我怀疑这个"赤历"便是"趃赸""趃赸""历剌""历剌"的同义倒文。以此义解释上引诸例，则群疑冰释了。《传灯录》"卖鞋老婆脚趃赸"，犹云"卖鞋老婆打赤脚"，这和《五灯会元》卷二十道场明辩禅师语"卖扇老婆手遮日"，以及民间流传的"卖油娘子水梳头"等一样，都是极有思想意义的谚语。《百鸟名》的例句也极生动，大凡水鸟的脚胫都是赤裸无毛的，淘河鸟自然也不例外。《山海经·东山经》："其中多鵹鹕，其状如鸳鸯而人足。"郭璞注："今鹈鹕足颇有似人脚形状也。"鹈鹕足似人脚的说法当然并不精确，但是由来已久了。《百鸟名》"脚趃赸"云云，好比说淘河鸟打着光脚丫子，整天守在水边吃鱼,隐然有以渔人比喻淘河鸟之意,包含着民间文学特有的一点风趣与幽默在内。而《教坊记》曲名"历刺子"颇费解,或许是"赤膊歌"的意思("子"为歌曲之称,如"生查子""渔歌子"等等皆是)。下面再补充两个《待质录》没有提到的例子。陆龟蒙《奉和袭美古杉三十韵》:"峥嵘惊露鹤,趈趑阂云螭。"(《全唐诗》卷六二三)句中"阂"字应是"骇"字之讹,"趈趑"也应是裸露之义,因为古杉岁年久远,裸露的躯干盘曲偃蹇、筋脉毕露,其怪怪奇奇之状,竟令云螭为之惊骇了。北宋林逋《平居遣兴》:"卑孜晚鸟沉幽语,历刺幽篁露病梢。"(《林和靖先生诗集》卷二)因为是"病梢",竹叶脱落,故用"历刺"形容竹梢裸露之状。至于《广韵》释为"行貌",当别是一义,与上引的例句无关。

乘

《维摩诘经讲经文》:"我今时固下天来,为见师兄禅坐开。得礼高人欣百度,喜瞻井(菩萨)喜千回。蒙宣法味令斋解,又休(沐)谈杨(扬)决乘怀。酬答并无法(诸)异物,惟将天女作赍排。与弃(垂)受,莫疑猜,上界从今承(不)愿回;誓与师兄为弟子,永充井(菩萨)绕花台。乘(垂)道力,乞慈哀,赴(副)乘情成(诚)察乘怀;有愿施时须与受,无乖见处定无乖。"(629、630页,校文多据《通释》)《通释》第一篇收有"乘"条,释为"第一人称代词,和'我'相同"。并解释上述引文说:"这段文章里的四个'乘'字,除'乘道力'的'乘'是'垂'字字形相近之误以外,其余三个按文义都应该和'我'的意义相同。"这些意见都是正确的。

何以"乘"能解作我?《通释》说:"用古韵来说,'乘''朕'本是同部,可以说是'朕'的假借。"又说:"不过《广韵》'乘'在穿鼻的证韵,'朕'已转入闭口的寝韵。似乎这两个字当时在韵部上已经分道扬镳,而变文里还有通借的情形,是古韵未尽转变的残迹。"此说包含着某种揣测的成分,不能看作定论。何况在变文和其他语言材料中,"乘"借作"朕",再也找不到别的例证了。所以我以为解释这个"乘"字,应该从字形上找原因。其实,"乘"字就是"我"字的形讹,因为"我"字的俗体或作"豕",这在变文中是有用例的,如《金刚般若波罗蜜经讲经文》:"缘无豕(我)人寿者,又彤(修)政法无漏,乃得并(菩提)也。"(432页)王庆菽校记:"本卷凡'我'字,均写作'豕'。"而在变文中,"乘"字或简作"乑",如《不知名变文》:"宝座既成诸天绕,弥陀即便自乑(乘)云。"(815页)王庆菽校"乑"为"乘",也是正确的。"豕""乑"形似,容易相混。前引例句中的三个"乘",其实都是"我"字,因为写作"豕",在传抄过程中先误作"乑",又再还原成"乘"了。

断　送

《不知名变文》:"更有师师谩语一段。脱空下□烧香呵,来出项去,逡巡呼(胡)乱说词,弟一昱(且)道上头庅(底),弟二东头庅,弟三更道西头庅。华北太山天帝释、北君神、白华树神、可暹回镇灵公、何怕(河伯)将军、猎射王子、利市将军、水草道路、金头龙王、可汗大王,如此配当,终不道著老师阇梨。

倾克（顷刻）中间，烧钱断送。若是浮灾横疾，渐次减除。倘或大限到来，如何免脱。死王强扢（壯），夺人命根，一息不来便归后。"（817页）《通释》第四篇收有"断送"条，释为"送给人钱财"，解释"顷刻"以下几句说："这是说烧纸钱送给鬼神，以求免病。案张相《诗词曲语辞汇释》卷五，'断送'第五条，'断送，赠品之义，本为动词而用如名词。杂剧中于婚嫁之事，辄见'断送'一辞，义与妆奁相同'。《汇释》所引的例证限于元剧，变文里这个'断送'意义的范围比妆奁大，而是动词，是元剧'断送'的根源。"

楚按：上引变文原文讹误较多，个别句子不甚明白，但大意可知。转变人站在佛教立场，批判巫师谩语欺骗病家，为病人胡乱祈告四方神祇，而丝毫不提及延僧（老师阇梨）作法事。"顷刻"两句是说病人顷刻死亡，以此恶果说明巫师无法改变人寿的"大限"。故下文说倘若病人只是"浮灾横疾"，自能逐渐痊愈；无奈病人"大限到来"，巫师又岂能使他免死呢？文中"烧钱断送"，是说烧纸钱发送死者。"断送"是发送死者之义，其例在小说杂剧中屡见，如关汉卿《窦娥冤》三折［二煞］："若果有一腔怨气喷如火，定要感的六出冰花滚似绵，免着我尸骸现；要什么素车白马，断送出古陌荒阡！"元刊本《琵琶记》二十四出："不幸丧双亲，求人不可频，聊将青鬓发，断送白头人。"这是说剪下头发，卖钱发送老人。《水浒》二一回中"阎婆道：'……我女儿死在床上，怎地断送？'宋江道：'这个容易，我去陈三郎家买一具棺材与你……'"《清平山堂话本·花灯轿莲女成佛记》："可怜可怜，婆婆是这般健便好；倘有些病痛，何人伏侍你？忽一日寿终，谁来断送你？"又："待你百年之后寿终，我二人与你带孝，如母亲一般断送你。"又："张待诏道'只抬到我家，买口棺材断送他，也不枉我家出个善知识。'李押录道:'使不得,既嫁了我家,生是我家人,死是我家鬼,如何又扛回去?我自断送,两家和气了。'"上述例句中"断送"的发送义,是从赠送义引申而来,因为旧时发送死者,照例要焚烧纸钱等供死者于阴间享用,因而发送便可径直称为"断送"。此义为《诗词曲语辞汇释》"断送"诸条所不载,而变文的用例则证明此义在唐五代时期就已流行了。

加　被

《通释》第四篇收有"加被、加备"条,释为"保佑、帮助、恩赐的意思"。其说曰:"丑女缘起:'丑女既得世尊加被,换旧时之丑质,作今日之面(周)旋;丑陋形躯,变端严之相好。'又:'蒙佛慈悲,便垂加佑,换却丑陋之形躯,变作端严之相好。'(并见798页)又:'赖为如来亲加备,还同枯木再生春。'(800页)这一篇中间'加被''加备''加佑'都有,而用于意思相同的语句中,它们的意义是很明显的。变文中'加被'这个词儿,和如来发生关系的地方最多,例子不胜枚举,也偶有不属于如来的,《降魔变文》里讲舍利弗和六师斗胜,如来派了诸神卫护舍利弗,文章说:'净(争)能各拟逞威神,加被我如来大弟子。'(381页)这个'加被'就属于诸神。'加被'这种行为,本来并不专属于如来,不过如来加被别人的次数特别多罢了。"

楚按:《通释》对"加被"的解释,虽然正确,但不全面。"加被"是中性词,不但可以属于如来、诸神等"正面"力量,还可以属于外道、恶人等"反面"力量。《祇园图记》记外道劳度差与舍利弗斗法失败,与诸徒党归伏舍利弗。但外道中"有烦之熏者不宾,而由(犹)颇态,终须作计以酬。便各思惟,于造精舍之处,外道来自雇身,因乍(诈)亲拟觅方便。身子言知,化一力士,执持铁杖,驱逐作人不得停憩。外道见舍利弗在傍,欲思加被,此所化力士驱驰,又不得,便自身困乏,不可言说"。(408页)这段话是说,外道烦之熏对舍利弗取胜不服,想要用计报仇。于是假意到舍利弗修建精舍的工地当雇工,以寻觅报仇机会。身子(舍利弗又名)早已知悉,遂化出一个力士,手执铁杖,驱使工人们劳作不停。烦之熏想要"加被"舍利弗,但在力士驱使之下,不但无法"加被",反而弄得自身疲乏不堪。《大智度论》卷十六,《释初中品毗梨耶波罗蜜义》第二十六:"或有饿鬼,先世恶口,好以粗语加被众生,众生憎恶,见之如仇,以此罪故,堕饿鬼中。"这样看来,"加被"就是施加力量或影响于其身的意思,既可用于褒义,也可用于贬义。倘若用于褒义,可以如《通释》释为"保佑"等;但若用于贬义,则只能释为"加害"了。

䩅䩥

《通释》第五篇收入"䩅䩥"条,释为"惭愧,耻辱"。其说曰:"庐山远公话:'于是道安数被䩅䩥,非常耻见相公,羞看四众。'(186页)'䩅'字应当从面作'𩈎'。《集韵》上声三十四果韵:'㦬,㦬儸,惭也。或作𩈎、䩅、𩈎。'三十三筸:'儸,或从面。''䩅䩥'就是'𩈎𩈎'。自己感觉惭愧叫'䩅䩥',耻辱人家也叫'䩅䩥',这里是说道安屡次受到耻辱。"

楚按:《通释》引《集韵》甚确。不过《庐山远公话》的例句,《变文集》断句有误,《通释》沿袭了《变文集》的错误,又把原文"被数"二字改为"数被",增加了新的错误,从而导致对"礴礧"的意义产生误解。正确的断句应该是:"于是道安被数,礴礧非常,耻见相公,羞看四众。"这里的"数"是动词,责数之义。《通释》把"数"当作数词了,因此说:"耻辱人家也叫'礴礧',这里是说道安屡次受到耻辱。"这是把不及物动词"礴礧"当作及物动词解释了。其实原文是说,道安被远公责数,自己非常惭愧。

停　腾

《通释》第五篇收入"停蘼、停腾、停"条,释为"就是停当、定当"。其说曰:"《维摩诘经讲经文》:'发言时直要停蘼,税调处直如(须)稳审。'(621页)《故圆鉴大师二十四孝押座文》:'诫(试)乖斟酌亏恩义,稍错停腾失纪纲。'(836页)《无常经讲经文》:'才亡三日早安排,送向荒郊看古道。送回来,男女闹,为分财不停怀懊恼。'(667、668页)这里的'不停'不是不止的意思,而是不平均,(《目连变文》:'家财分作于三亭。'见756页,就是三股均分)不'停蘼'。"

楚按:《通释》释"不停"为"不平均",甚是。唯"停蘼""停腾"却并非是"停当、定当"之义,而是舒缓、延迟之义。如《祖堂集》卷十六,南泉和尚:"侍者到于半路,逢见涅槃堂主著纳衣走上来。侍者云:'和尚教某甲看涅槃堂里有一人死也无。'堂主对曰:'适来有一僧迁化,特来报和尚。'两人共去向和尚说。停腾之间,更有一人来报和尚云:'适来迁化僧却来也。'"涅槃堂是病僧待死之所,这段话是说,南泉和尚派侍者打听涅槃堂中某病僧死去没有，路遇涅槃堂主，说是那病僧已经"迁化"（死）了。两人在路上谈话耽搁的时候，另有一人先去报告南泉和尚说，刚才"迁化"的病僧复活了。"停腾之间"是说谈话延缓之间。《汾阳无德禅师语录》卷下《赞深沙神》："放光觌烁静乾坤，吐气停腾清海水。"下句谓深沙神呼吸舒缓平和之际，海水宴清无波。《通释》举方干《赠夏侯评事》诗："讲论参同深到骨，停腾姹女立成银。"说曰："讲炼丹之术，下句谓调汞成银。'停腾'本是形容词，变成调配合适的意思了。"按这里的"停腾"，犹如说"延伫之间"，形容时间过了不久，似非"调配合适"之意。《通释》又引《鉴诫录》卷十，高僧谕条，伏牛上人《三伤颂》之一："停腾怕饥渴，抚养知寒暖。"说曰："'停腾'也作动词用，谓调理妥当。"按此颂是写母鸟抚育幼鸟的事，上句说母鸟觅食倘有迟缓，即担心幼鸟遭受饥渴，"停腾"亦非"调理妥当"之意。

现在再看变文中的两条例句。《维摩诘经讲经文》"发言时直要停蓆"，"蓆"应作"腾"，这句是说，说话时一定要语气延缓，装出欲言又止的样子。这段文字是写魔女施展各种手段，企图诱惑持世菩萨，"发言停腾"便是魔女做出的媚态之一。《故圆鉴大师二十四孝押座文》的"稍错停腾失纪纲"，是说子女对父母说话，应该语气舒缓平和，这方面倘稍有乖背，即失去了人子之道，"停腾"也是舒缓之义。

塞　当

《通释》第五篇收入"塞当"条，释为"适合，恰合"。其说曰："《维摩诘经讲经文》：'今朝不往（枉）逢居士，与我心头恰塞当。要宝藏人得宝藏，求清凉者得清凉。'（611页）按：'塞'有相当的意思，'塞当'二字同义连文。《汉书·王褒传》：'不足以塞厚望，应明指。'颜师古注：'塞，当也。'《王莽传》中：'欲以承塞天命，克厌上帝之心。'颜注：'塞，当也。厌，满也。''塞'字颜不注音，宜音赛。"

楚按：释"塞当"为"适合、恰合"，无疑是正确的。但谓"'塞'有相当的意思，'塞当'二字同义连文"，则尚有商量的余地。倘若不是孤立地求解，而是与变文中类似的"塞"字用例联系起来考虑，不难发现，这个"塞"字应该是虚字，和《汉书》例句中的"塞"字并不一样，"塞当"也不是同义连文。其实，"塞"就是"相"，"塞当"就是相当。《金刚般若波罗蜜经讲经文》："解空罗汉多方便，起坐如来镇塞随。"（445页）又："念得一抽清净教，三途六道镇相随。"（433页）试比较上述两例，可知上例中的"镇塞随"，便是下例中的"镇相随"。又同篇："塞谩骂（骂），世间术，莫行邪行莫徒庆（疾）。"（435页）"塞谩骂"就是相谩骂。又同篇："众生身上有如来，仏（佛）与众生不塞离。"（440页）"不塞离"就是不相离。《敦煌变文论文录》附录《维摩碎金》："倘若缘就闲因成，共你塞逐便去来。""塞逐"就是相逐。

"相"何以会写作"塞"呢？这大概是记录当时口语读音的缘故。白居易《山中问月》："为问长安月，谁教不相离？""相"字下自注："思必切。"这固然是由于诗律要求这个"相"字为仄声字，但同时也证明了口语中"相"字确有"思必切"的读音。宋俞文豹《吹剑三录》："相音瑟，白诗：为问长安月，谁教不相离。""塞"与"瑟"音近，可证"塞"字确实是记录口语"相"字的读音。此音宋人多记作"厮"，陆游《老学庵笔记》卷十："世多言白乐天用'相'字，多从俗语作思必切，如'为问长安月,如何不相离'是也。然北人大抵以'相'字作入声,至今犹然,不独乐天。老杜云'恰似春风相欺得,夜来吹折数枝花',亦从入声读,乃不失律。俗谓南人入京师,效北语,过相蓝,辄读其榜曰'大厮国寺',传以为笑。"可见直到南宋,北人仍读"相"为思必切,写作"厮"。罗大经《鹤林玉露甲编》卷五《相字音厮》:"白乐天诗云:'为问长安月,谁教不相离。''相'字下自注云'思必切'。乃知今俗作'厮'者,非也。"罗大经为南宋人,则南方俗语亦写"相"作"厮",不仅北人也。此字小说戏曲中屡见,皆应读作入声,与现今读为平声者不同。变文中的"塞"字,和"厮"字音义相同,都是"思必切"的记录形式,因而也应从入声读,似不宜音"赛"了。

时　固

《维摩诘经讲经文》:"为重修禅向此居,我今时固下云衢。"(623页)又:"我今时固下天来,为见师兄禅坐开。"(629页)《通释》第六篇"时、时固"条释为"特意,专"。其说曰:"《陕北关中两县分类词汇》:'〔铜川县〕特地曰"单故",如云"我今天单故来看你",谓特来也。''单故'一词,就是变文'时固'转变来的。'单''特'同属舌头音,'时'属正齿音,舌齿两音中古没有严格的区分,所以'时'也就是'特','时固'也就是'单故'了。"

楚按:此说甚为精辟。不过"时固"的字面究属希见,所以私意以为仍应作"特故"。盖"时"为"特"之形讹,其例习见;"固"则"故"之音讹,如《八相变》:"固(故)请仙哲,占相斯人。"(333页)即"故"误作"固"之一例。"特故"一词见于变文者，如《敦煌变文论文录》附录《佛报恩经讲经文》："特故朝参辞父王，愿王令去无忧惚（愁）。"原校"惚"作"愁"，与"宝""老""扫""到"不叶，应作"恼"。变文之外，如苏轼《菩萨蛮》（娟娟侵鬓妆痕浅）："酒阑思翠被，特故腾腾地。""特故"句谓故意装醉。明田汝成《西湖游览志余》卷十六，香奁艳语："寻常游湖者，逼暮即归；是日王生与师儿有密誓，特故盘桓，比夜达岸，则城门锁，不可入矣。""特故盘桓"谓故意逗留。《古今小说·宋四公大闹禁魂张》："赵正道：'这婆娘要对付我，却到吃我摆番。别人漾了去，我却不走。'特骨地在那里解腰捉虱子。""特骨地"亦即是"特故"。其余的例子，参看《诗词曲语辞汇释》卷四"大古（二）"条。

珂珮

《韩朋赋》："齿如珂珮，耳如悬珠。"（139页）徐震堮校："'珮'当作'贝'。"《通释》第三篇"珂珮"条亦释为"应作'珂贝'，海螺壳，色白"。

楚按：原文"珮"字不必改。"珂珮"之义有二：一指官员服饰的玉带，如《旧唐书·职官志二》："凡百僚冠笏、伞幰、珂佩，各有差。""珂佩"同"珂珮"。《李陵变文》："由（犹）更赐其珂珮，白玉装弓勒鞁，束（策）封僕（仆）从，浮（服）乘□厩之龙骑，餐百官之珍膳。"（92页）一指用螺蛤贝壳联缀而成的腰带，如《太平御览》卷九四二引《云南记》曰："新安蛮妇人……又绕腰以螺蛤联穿系之，谓为珂珮。"这是因为"珂"字既有美石之义,又有大贝之义,故"珂珮"亦遂有玉带与贝带两种意义。以此二义施之《韩朋赋》,皆无不可。"齿如珂珮"犹如古人习语的"齿如编贝",是形容成排的牙齿,不但言其洁白,也言其排列整齐,即是《维摩诘经讲经文》说的"雪齿齐平,能白能净"(620页)。较之说"齿如珂贝"更为形象(后者不见整齐之意),实在犯不着改"珮"为"贝"也。

(原载《中华文史论丛》1983年第1辑)

令章大师李稍云

敦煌本《佛说观弥勒菩萨上生兜率天经讲经文》云:"诗赋却嫌刘禹锡,令章争笑李稍云。"(《敦煌变文集》,653页)这位与刘禹锡并列的李稍云究竟是何许人呢?他是生活在初、盛唐之交的令章专家。这里说的"令章",就是酒令,如韩愈《祭河南张员外文》:"衡阳放酒,熊咆虎嗥,不存令章,罚筹狷毛。"孙棨《北里志》:"郑举举者,居曲中,亦善令章,尝与绛真互为席纠。"《太平广记》卷二五七《周颛》(出《抒情诗》):"唐处士周颛洪儒奥学,偶不中第,旅浙西,与从事欢饮,而昧于令章,筵中皆戏之。"敦煌本《维摩诘经讲经文》:"真珠帘外停丝竹,玳瑁筵中罢令章。"(《敦煌变文集》,557页)唐人饮酒行令,除了有一套严格的规则(即所谓"觞政")之外,最主要的就是即席应对的词章,这就是"令章"。倒文作"章令",如敦煌本《叶净能诗》:"天师有章令,使宴乐欢娱?"又:"还(乃)是一个道士,妙解章令,又能饮宴。"(《敦煌变文集》,221页)简称则为"令",花蕊夫人《宫词》:"新翻酒令著词章,侍宴初闻忆却忙。宣使近臣传赐本,书家院里遍抄将。"可见当时已有专门汇集酒令的专书了。变文中与刘禹锡对举的李稍云,就是唐代的令章大师。今天治唐代文学的人，对他已很陌生，但在当时，他是享有盛名的。元稹《寄吴士矩端公五十韵》："予时最年少，专务酒中职。未能解生狞，偏矜任狂直。曲庇桃根盏，横讲捎云式。"诗中的"捎云式"，就是李稍云的酒令程式。任半塘《敦煌歌辞总编》卷三〔十无常〕："酒席夸打巢云令。行弄影。"（0602首）任氏曰："'巢云令'俟考。"窃谓"巢云令"当作"稍云令"，"巢""稍"近音，仅声母稍别，因而致误耳。"稍云令"指李稍云创立的酒令程式，与元稹诗的"捎云式"是一个意思。《敦煌歌辞总编》"补遗"载《高兴歌》亦云："壶觞百杯徒浪饮。章程不许李稍云。"（补113首）按此篇见于敦煌写本斯2049、伯2488、伯2544、伯2555、伯2633、伯3812、伯4993各卷，可见当时流传甚广。作者署名"江州刺史刘长卿撰"，应非人们习知的"五言长城"刘长卿。标题一作《酒赋》，但核考其实，本篇实是七言歌行，并非赋体，亦非歌辞。歌中的"章程不许李稍云"和变文中的"令章争笑李稍云"意思相同。又李肇《国史补》卷下亦云：

> 古之饮酒，有杯盘狼藉、扬觯绝缨之说，甚则甚矣，然未有言其法者。国朝麟德中，壁州刺史邓宏庆始创"平""索""看""精"四字令，至李稍云而大备，自上及下，以为宜然。大抵有律令，有头盘，有抛打，盖工于举场，而盛于使幕。衣冠有男女杂履舄者，长幼同灯烛者，外府则立将校而坐妇人，其弊如此。

其中提到"至李稍云而大备"，可见他对推动风靡唐代上下内外的饮酒行令风尚的作用。至于李稍云的事迹，则见于《太平广记》卷二七九《李捎云》（出《广异记》）：

陇西李捎云，范阳卢若虚女婿也。性诞率轻肆，好纵酒聚饮。其妻一夜梦捕捎云等辈十数人，杂以娼妓，悉被发肉袒，以长索系之，连驱而去，号泣顾其妻别。惊觉，泪沾枕席，因为说之。而捎云亦梦之，正相符会。因大畏恶，遂弃断荤血，持《金刚经》，数请僧斋，三年无他。后以梦滋不验，稍自纵怠。因会中友人逼以酒炙，捎云素无检，遂纵酒肉如初。明年上巳，与李蒙、裴士南、梁褒等十余人泛舟曲江中。盛选长安名倡，大纵歌妓。酒正酣，舟覆，尽皆溺死。

"李捎云"就是"李稍云"，"捎""稍"皆通作"梢"。《文选》卷十二郭璞《江赋》："骊虬摎其址，梢云冠其嶙。"李善《注》引《孙氏瑞应图》曰："梢云，瑞云。人君德至则出，若树木梢梢然也。"这应该就是李稍云取名之义。从《广异记》的记载，可以考知李稍云的生活年代。他的岳父卢若虚，是陈子昂的友人卢藏用之弟，终起居郎、集贤殿学士（见《新唐书·卢藏用传》），著有《南宫故事》三十卷，并参与《唐六典》的修撰（见《新唐书·艺文志二》）。与李稍云同船遇难的李蒙，开元五年进士及第，他应试的《藉田赋》载于《文苑英华》卷七〇。这次沉船事件，是当时的一件轰动新闻，其后亦流传不绝，故唐人笔记小说屡有记载，而且大都笼罩着一层宿命论的色彩。除了《广异记》外，最早的记载见于张鷟《朝野佥载》卷一：

开元五年春，司天奏："玄象有眚见，其灾甚重。"玄宗震惊，问曰："何祥?"对曰："当有名士三十人同日冤死，今新及第进士正应其数。"其年及第李蒙者，贵主家婿，上不言其事，密戒主曰："每有大游宴，汝爱婿可闭留其家。"主居昭国里，时大合乐，音曲远畅。曲江涨水，联舟数艘，进士毕集。蒙闻，乃逾垣奔走，群众愲望。才登舟，移就水中，画舸平沉，声妓、篙工不知纪极，三十进士无一生者。

张鹫与李稍云是同时代人，不过此条文字亦见李冗《独异志》卷上，《太平广记》卷一六三亦引作《独异志》。又《太平广记》卷二一六《车三》（出《定命录》）云：

> 车三者，华阴人，善卜相。进士李蒙宏词及第，入京注官。至华阴，县官令车三见，诳云李益。车云："初不见公食禄。"诸公云："应缘不道实姓名，所以不中。此是李蒙，宏词及第，欲注官去，看得何官？"车云："公意欲作何官？"蒙云："爱华阴县。"车云："得此官在，但见公无此禄，奈何？"众皆不信。及至京，果注华阴县尉。授官相贺，于曲江舟上宴会。诸公令蒙作序，日晚序成，史翔先起，于蒙手取序看。裴士南等十余人，又争起看序。其船偏，遂覆没。李蒙、士南等并被溺而死。

以上《朝野佥载》《广异记》《定命录》等三处记载的沉船事件，细节或许稍有出入，但其中李蒙三处皆见，裴士南两处出现，它们所写的是同一件事，则是肯定无疑的。据《朝野佥载》，知道这一惨剧发生在开元五年（公元717年）；据《广异记》，知道发生在这一年的上巳日（农历三月三日），这便是李稍云的卒日。

唐代饮酒行令的风尚，是上层社会社交活动的重要方式之一，从上引《国史补》可见一斑，此外还屡屡形诸元、白等许多著名文人的诗咏之中，并且出现了皇甫松《醉乡日月》等专门著作。然而在这些交际活动中产生的数量巨大的"令章"，绝大多数都失传了，只是在唐人笔记中还偶然保留了极少一部分，清俞敦培《酒令丛抄》卷一曾加以搜集。遗憾的是，唐代最负盛名的令章大师李稍云的作品，却连一首也没有流传下来，以致连他的姓名也几乎湮没不闻了。不料在变文中却提到了他，并且与著名文学家刘禹锡相提并论，这不免会引起读变文的人的疑惑，以致有的研究者怀疑李稍云就是李翱（见《敦煌学辑刊》1987年第2期第47页），所以我写了这一则札记，作为对变文的一条注释吧。

（原载《中国文化》1991年第4期）

《庐山远公话》新校

敦煌变文的发现迄今已近一个世纪了。最早汇集变文材料成书的是周绍良编《敦煌变文汇录》（1954年），而影响最大的则是王重民等编《敦煌变文集》（1957年）。潘重规评论说："王编根据一百八十七个写本，过录之后，经过互校，编成七十八种。每一种，篇中有旁注，篇末有校记。就资料供应和披阅便利方面看来，已被国际学者公认是所有变文辑本中最丰富的一部。王重民先生自己也称'这可以说是最后最大的一次整理'。因此，自1957年出版以来，海内外研究变文的学人，无不凭借此书为立说的根据。无疑，《敦煌变文集》在国际学术界中已建立了崇高卓越的地位。"（《敦煌变文集新书引言》）《敦煌变文集》的问世极大地推动了敦煌变文的研究，这是有目共睹的。不仅如此，它还提供了极其丰富的唐五代口语文献资料，促成了蒋礼鸿《敦煌变文字义通释》等若干名著产生。在大陆近代汉语研究热潮的背景下，出现了数以百计的校正《变文集》文字错误的论文。其实《变文集》代表了当时变文研究所达到的水平，由此招来许多补正的论文，正表明《变文集》促进学术进步的作用。

不过《敦煌变文集》并不是"最后最大的一次整理"。1984

年潘重规《敦煌变文集新书》在台北出版,这是第二代的变文集。编者是国学大师黄季刚先生的学术传人,学识渊博,并且目验了巴黎、伦敦和台北所藏的全部变文原卷,因此《新书》在吸收《敦煌变文集》全部内容的基础上,纠正了《变文集》的大量错误,并且补充了新的内容,"后出转精"的赞誉当之无愧。由于台湾海峡两岸当时处于隔绝状态,《新书》的编者无从寓目大陆的大量相关论文,因而也留下了一些遗憾。

1997年张涌泉、黄征《敦煌变文校注》出版,这是第三代的变文集。校注者充分吸取了第一代、第二代变文集的优点,同时对数量巨大的全部相关论著的成果兼收并蓄,因而是集大成的著作。校注者对敦煌俗字和俗语词研究有素,因而去取精当、立说有据,是迄今录文最可靠、收文最丰富的变文全辑本。正因为如此,读者更期盼它达到"毫发无遗憾"的境地。笔者近日阅读了《校注》中《庐山远公话》一篇,下面提出若干补校意见,供作者和读者参考。

遂焚无价宝香,结跏敷座,便念《涅槃经》。(252页)

校注:结,原录从"足"旁。徐校:"当作'结'。"下文"结跏敷坐","结"字亦从足旁,皆偏旁类化字。

楚按:所校是,"敷座"亦应作"趺坐","结跏趺坐"即打坐。《大智度论》卷七:"诸坐法中,结跏趺坐最安隐,不疲极。此是坐禅人坐法,摄持手足,心亦不散。"慧琳《一切经音义》卷八《跏趺》:"上音加,下音夫,皆俗字也,正体作加跗。郑注《仪礼》云'跗,足上也'。顾野王云'足面上也'。案《金刚顶》及《毗卢遮那》等经,坐法差别非一,今略举二三,明四威仪皆有深意。结跏趺坐,略有二种。一曰吉祥,二曰降魔。凡坐皆先以右趾押左股,后以左趾押右股,此即左押右,手亦左居上,名曰降魔坐,诸禅宗多传此坐。若依持明藏教瑜伽法门,即传吉祥为上,降魔坐有时而用。其吉祥坐,先以左趾押右股,后以右趾押左股,令二足掌仰于二股之上,手亦右押左,仰安跏趺之上,名为吉祥坐,如来昔在菩提树下成正觉时,身安吉祥之坐,手作降魔之印,是故如来常安此坐,转妙法轮。若依秘密瑜伽,身语意业,举动威仪,无非密印,坐法差别,并须师授,或曰半加,或名贤坐,或象轮王,或住调伏,与此法相应,即授此坐,皆佛密意有所示也。"《祖堂集》卷一七《岑和尚》:"大通智胜佛虽十劫在菩提树下金刚座上结跏趺坐,犹是菩萨,未成佛故。"

我从无量劫来,守镇此山,并不曾见有。僧人来投此山,皆是与我山中长福禳(攘)灾。(253页)

楚按:"有"下句号删,"不曾见"的宾语是"有僧人来投此山"之事。

是日夜(也),拣炼神兵,闪电百般,雷鸣千钟(种),彻晓喧喧,神鬼造寺。(253页)

校注:项楚校"据'彻晓喧喧'之语,可知事情发生在夜间,'日'字当是衍文。按:当是"夜"通"也","是日也"下逗,表示这天开始点兵造寺,通宵达旦乃成。"夜""也"多可通借,如伯2718王梵志诗:"损失酬高价,求嗔得也磨?""也"字斯4669作"夜"。本文后有"是夜倍程","夜"原写"也",旁改"夜"。即其例。"是时也""是日也"之类皆说话人的套语。

楚按:"夜""也"虽可通假,此处"夜"字却非"也"字通假。盖书手欲写"是夜",误写"是日",发觉后补写"夜"字于下，而未及涂去"日"字，遂成"是日夜"矣。按神鬼助远公造寺的传说，当是源自《莲社高贤传·慧远法师》："（慧）永乃谓刺史桓伊曰：'远公方当宏道，而贫道所栖，隘不可处。'时师梦山神告曰：'此山足可栖神，愿毋往。'其夕大雨雷震，诘旦林麓广辟，素沙布地，梗枏文梓，充布地上，不知所自。伊大敬感，乃为建刹，名其殿曰神运，以在永师舍东，故号东林。"云"其夕"，云"诘旦"，可知正是夜间之事也。

有寺号为化成之寺。（254页）

校注：成，原录校作"城"。按：此盖臆改，于史无征。"化成"乃取义于"化力所成"，谓非人造，故"成"字不误。

楚按：原录校"成"为"城"是有根据的，《续高僧传》卷一六《法充传》："末住庐山半顶化城寺修定，自非僧事，未尝妄履。"白居易《游大林寺序》："自遗爱草堂历东西二林，抵化城，憩峰顶，登香炉峰。"明徐渭《化城寺》："过溪无虎啸，枉送远禅师。"按庐山有三化城寺，其上化城寺乃慧远所建。"化城"后人亦有作"化成"者，宋陈舜俞《庐山记》卷一："次上化成院，亦义熙中远公所立也。""化城"取义源自《妙法莲华经·化城喻品》："譬如险恶道，迥绝多毒兽，又复无水草，人所怖畏处。无数千万众，欲过此险道，其路甚旷远，经五百由旬。时有一导师，强识有智慧，明了心决定，在险济众难。众人皆疲倦，而白导师言：我等今顿乏，于此欲退还。导师作是念：此辈甚可愍，如何欲退还，而失大珍宝。寻时思方便，当设神通力，化作大城郭，庄严诸舍宅，周匝有园林，渠流及浴池，重门高楼阁，男女皆充满。即作是化已，慰众言无惧，汝等入此城，各可随所乐。诸人既入城，心皆大欢喜，皆生安隐想，自谓已得度。导师知息已，集众而告言：汝等当前进，此是化城耳。我见汝疲极，中路欲退还，权作此化城，汝今勤精进，当共至宝所。"

是时红焰连天，黑烟蓬悖。（254 页）

校注：悖，原录校作"勃"。按："蓬悖"为联绵词，不烦校。

楚按：联绵词虽然字形并不固定，但此处"悖"应作"㶿"，以形近误书。"蓬㶿"为烟火浓盛之貌，亦写作"燧㶿""蓬勃"等，如《长阿含经》卷一九："黑烟燧㶿起，赫烈难可睹。"又："灰汤涌沸，恶气燧㶿。"《妙法莲华经·譬喻品》："臭烟燧㶿，四面充塞。"《太平广记》卷三八二《杨师操》（出《冥祥记》）："到一处，有孔极小，唯见小星流出，臭烟蓬勃。"

若要贫道驱使，只是此身。若要贫道，只须莫障贫道念经。（255 页）

楚按：第三句脱"身"字，应作"若要贫道身"。这段文字是回答上文"将军为当要贫道身？为当要贫道业？"而说的"若要贫道身"正与"为当要贫道身"相对应。

若也来迟，遣左右捉来，只向马前腰斩三截，莫言不道！（255 页）

校注：不道，即不讲义理，邪恶。《魏书》卷七二《阳尼传》载《演赜赋》："志行褊小，好行不道。"

楚按："莫言不道"犹云"勿谓言之不预"，是预先警告的话。《韩擒虎话本》："若一人退后，斩刹（杀）诸将，莫言不道！"本篇下文："若也只对一字参差，却到贱奴向相公边请杖，就高座上拽下决了，趁出寺门，不得为众宣扬，莫言不道！"《五灯会元》

卷七《罗山道闲禅师》:"保福秋间上府朝觐大王,置四十个问头问和尚,忽若一句不相当,莫言不道!"以上"莫言不道"也都是预先警告的话。

我适来于门外设誓,与他将军为奴,永更久住不得。(256页)

校注:永,原录作"来"。江蓝生校:"'来'字应属上。"按:原卷作"永","永更"即"更","永"起加强语气的作用。

楚按:原卷所写实为"来"字,此字应属上,作"与他将军为奴来",江校是。

道安开讲,敢(感)得天花乱坠,乐(药)味花香。(256页)

校注:项楚校"'乐'当作'药'"。按:项校是,"药"指花卉,《捉季布传文》有"花药园中影树身"句。

楚按:今日思之,拙校"乐"当作"药"是不正确的。"乐味"是佛经中的妙药,《大般涅槃经》卷七:"譬如雪山,有一味药,名曰乐味,其味极甜,在深丛下,人无能见,有人闻香,即知其地当有是药。过去往世有转轮王,于此雪山,为此药故,在在处处,造作木筒,以接是药。是药熟时,从地流出,集木筒中,其味真正。王既没已,其后是药,或酢或咸,或甜或苦,或辛或淡,如是一味,随其流处,有种种异。是药真味,停留在山,犹如满月。凡人薄福,虽以钁斫,加功困苦,而不能得。复有圣王,出现于世,以福因缘,即得是药真正之味。善男子,如来秘藏,其味亦尔,为诸烦恼,丛林所覆,无明众生,不能得见。一味者,喻如佛性,以烦恼故,出种种味。"变文中的"乐味"即是此药。

风经林内,吹竹如丝。(256 页)

校注:吹竹,疑当作"翠柳",盖"如丝"者非竹之貌。

楚按:原文"吹竹"不误,"吹竹如丝"谓风吹竹林,发出音乐之声。"丝"指弦乐器,《周礼·春官·大师》云:"皆播之以八音:金、石、土、革、丝、木、匏、竹。"郑玄注:"丝,琴瑟也。"

自拟到东都,见及上下经台,陈论过状,道我是贼,令捉获我。(257 页)

楚按:中二句应作"见及上下,经台陈论过状"。"上下"本是对尊长的敬称,颜师古《匡谬正俗》卷八《上下》:"荀爽《与李膺书》云'舍馆上下,福祚日新'。此盖古来人士致书相问之常辞耳。凡言上下者,犹称尊卑,总论也,此类非一。是以王逸少父子与人书,每云上下数动静,上下咸宜。上者属于尊亲,下者明谓子弟。为论及彼之尊上,所以上字皆为悬阙。而江南士俗近相承与人言议及书翰往复,皆指父母为上下,深不达其意耳。"按"上下"不仅以称父母,凡尊上乃至官长皆可称为上下,如《燕子赋》(甲):"燕子文牒,并是虚辞,眛目上下,请王对推。"《水浒》三九回:"戴宗坐下,只见个酒保来问道:'上下,打几角酒?要什么肉食下酒?或猪羊牛肉?'"本篇的"见及上下"即见官的意思。本篇的"经台"则应与下句"陈论过状"连读,即向官府投诉。"经"即向人投诉,《太平广记》卷一二六《郭霸》:"俄而霸以刀子自刺乳下,搅之,曰:'大快!'家人走问之,曰:'御史孙容师刺我。'其子经御史顾琮讼容师,琮以荒乱言不理。""台"本是六朝时期的中央政府及其衙署,《文选》卷四〇任昉《奏弹刘整》:"辄摄整亡父旧使海蛤到台辩问。"唐代的监察机构御史台亦简称"台",《太平广记》卷一二六《万国俊》:"唐侍御史万国俊，令史出身，残忍为怀，楚毒是务，奏六道使，诛斩流人，杀害无数。后从台出，至天津桥南，有鬼满路，遮截马足，不得前进。"本篇的"陈论"即是投诉。《祖堂集》卷一五《归宗和尚》："时有江州东林寺长讲《维摩经》及《肇论》，座主神建问：'如何是触目菩提？'师乃跷起一脚示他。座主云：'莫无礼！'师云：'不无礼，三个现在，座主一任拣取。'座主不会，遂置状于江州陈论刺史李万卷。李公判云：'……奇哉！空门弟子，不会色空，却置状词投公断理。'"因此原文这几句是说，远公打算私下见官，向官府呈递诉状，告发白庄是贼。

且见远公标："身长七尺，白银相光，额广眉高，面如满月，发如涂漆，唇若点朱，行步中王，手垂过膝。"（257页）

校注：徐校："'王'疑当作'正'。"刘凯鸣校："'王'乃'巨'之讹。《说文》：'巨，规巨也。'巨、榘、矩，古今字。"按："中王"似不误。佛经有三十二大人相之说，不限于佛。具此相者在家为轮王，出家则开无上觉。《法界次第》下之下："人天中尊众圣之王，故现三十二相也。"《三藏法数》四十八："九、手过膝相，手长过膝者；……十九、身如狮子相，身体平正，威仪严肃如狮子王者。""如狮子王"盖与"中王"义近。又潘重规"中王"作"牛王"，云："原卷'牛'字，《变文集》误作'中'。"按：原卷作"牛"，即"中"字的手书，非"牛"字。且"牛王"亦费解。

楚按：本段原文有两处可议。一、校注一五八条云："标：插在身上的表记，用以说明所卖人畜货物的价格、特点等情况。"故校注者在原文"标"下施冒号、引号，而以"身长七尺"至"手垂过膝"等八句纳入引号之中，作为"标"上的说明文字。其实

"身长七尺"等八句是作者的叙述文字，为众人眼中所看到的远公的殊异形貌，校注者所加的冒号、引号皆应删去。盖"标"作为出售物件的标记，上面不一定必须写上物件的相关情况，如《水浒》三回："见一条大汉，头戴一顶抓角儿头巾，穿一领旧战袍，手里拿着一口宝刀，插着个草标儿，立在街上，口里自言自语说道：'不遇识者，屈沉了我这口宝刀！'"这个"草标儿"就只起标记作用，而不可能写上宝刀的有关情形。二、原卷所写正是"牛"字，而非"中"字，潘重规作"牛王"是正确的。"牛王"即牛中之殊胜者，佛经多以"王"称同类中之优异者，如云"象王""山王"等等，《无量寿经》卷下："犹如牛王，无能胜故；犹如象王，善调御故；如师子王，无所畏故。"《宗镜录》卷五〇："又诸经内逗缘称机，更有多名，随处安立。以广大无边，目之为'海'；以圆明理显，称之曰'珠'；以万法所宗，号之为'王'；以能生一切，諡之曰'母'。"按牛之行步，平正有力，《妙法莲华经·譬喻品》："驾以白牛，肤色充洁，形体姝好，有大筋力，行步平正，其疾如风。"故佛书多以"牛行"比喻行步稳健，有大人之相。《续高僧传》卷一七《慧思传》："身相挺特，能自胜持，不倚不斜，牛行象视。"《景德传灯录》卷六《江西道一禅师》："容貌奇异，牛行虎视，引舌过鼻，足下有二轮文。"敦煌遗书斯6631《四威仪·行威仪》："行步徐徐牛顾视，高观下盼不移神。"本篇云"行步牛王"者，即言远公动止殊特，有大人之相也。

我今世上过却千万留贱之人，实是不曾见有！（257页）

校注：留贱，即卑贱。"留"当为留住之意。孙奭《律音义》"流"字下引建隆四年制："犯徒者，加杖、免役。犯流者，加杖、留住，三流俱役一年，加役流者三年。""留住"即犯流刑被远配边鄙留住服役的,故"留贱之人"即指罪犯、奴仆之类。

楚按:此说尚未惬当人意。窃谓"留"即"良"之声转,"良贱之人"即良人和贱人,亦即平民和奴婢,"千万良贱之人"即指不论身份高低贵贱的无数之人。

此个量口并不得诸处货卖,当朝宰相崔相公宅内只消得此人。(257页)

校注:消,即需要,盖二字合音。下文"只消得此人""身上有何伎艺消得五百贯钱",皆同。

楚按:"消"即消受、享用之义,《唐语林》卷一:"卢钧进士出身,历中外五十年,岂不消中书一顿饭?"《故圆鉴大师二十四孝押座文》:"休消贿货耽淫欲,莫恼慈亲纵酒狂。"苏轼《永和清都观谢道士童颜鬖发问其年生于丙子盖与予同求此诗》:"自笑余生消底物?半篙清涨百滩空。"《古尊宿语录》卷三七《鼓山先兴圣国师和尚法堂玄要广集》:"据何眼目,消得人天应供?"

我昨夜梦中见一神入我宅内,今日见此生口,莫是应我梦也!(258页)

校注:"神"下原录有"人"字。按:原卷先写"人"字,旁改写为"神"字,故"人"字不当录出。

楚按:原卷并非改"人"为"神",而是补写"神"字。"神人"就是"神",扬雄《长杨赋》:"听庙中之雍雍,受神人之福祜。"

生身托母荫在胎中,临月之间,由(犹)如苏酪。(259页)

校注:苏酪,即"酥酪",比喻临产血流洒地,如乳酪流淌。

楚按：这里的"临月"是指怀孕的第一个月，"酥酪"是形容受精初期的胚胎，慧琳《一切经音义》卷四七《对法论音义》（玄应撰）："羯罗蓝，旧言歌逻逻，此云凝滑。父母不净合和，如蜜如酪，泯然成一，于受生七日中，凝滑如酪上凝膏渐结，有肥滑也。"

男在阿娘左边，女在阿娘右胁，贴着附近心肝。（259页）

楚按："贴着"当属上，管着上面两句，谓男在阿娘左边贴着，女在阿娘右胁贴着。按《阿毗达磨藏显宗论》卷一三："若男处胎，依母右胁，向背蹲坐；若女处胎，依母左胁，向腹而住，女男惯习左右事故。"所说的男右女左的位置，正和本篇的男左女右的位置相反。按《八相变》载摩耶夫人"举手攀枝，释迦真身从右胁诞出"，可知男右女左的位置是佛书的一般说法。

既先忍子，还须后死。即此为"生"。（260页）

楚按：末句"此"下应脱"名"字，"生"下应脱"苦"字，原文应是"即此名为'生苦'。盖此段所说为"生苦"，此句为总结本段之语，故云"即此名为'生苦'"，犹如以下各段总结语作"此即名为'老苦'"，"此即名为'病苦'"，"即此名为'死苦'"，等等。

未病在床，便冤（怨）神鬼，烧钱解禁，枉杀众生。（260页）

楚按："冤"字原卷写作"宪"，《变文集》录作"冤"，校作"怨"，《新书》《校注》并从之，非是。原写"宪"字应作"赛"，脱落下部"贝"字，又加错误，遂成此字。祀神曰"赛"，本作

"塞",《史记·封禅书》"冬塞祷（词）",司马贞索隐："与赛同。赛,今报神福也。"王维《凉州郊外游望》："婆娑依里社,箫鼓赛田神。"《五灯会元》卷一一《汾阳善昭禅师》："新神更著师婆赛。"

大限不过百岁,其中七十早希;人人同受百岁,能得几时!（260页）

校注：人,原录作"三"。按："三人同受百岁"费解,"三"当作"人"。此盖原卷涉次行"三思"之"三"而误。"人人同受百岁"谓每人皆禀受百岁之天年。斯778、斯1399王梵志诗："傍看数个大憨痴,造宅舍拟作万年期。人人百岁乃有一,纵令七十长少稀。□□□□期却半,欲似流星光暂时。中途少小撩乱死,亦有初生婴孩儿。无问男夫及女妇,不得惊忙审三思。"意与此同。

楚按：原文"三"字不误,"三人同受百岁",谓三人寿命相加,可得百岁,则一人之寿命不过三十三岁而已,故下接"能得几时",言其寿命不长也。若改为"人人同受百岁",正与作者原意相反。按权德舆《古兴》："人生大限虽百岁,就中三十称一世。"正是"三人同受百岁"之意。

从此道安说法,不能平等。（262页）

楚按：上句"此"下脱"知"字,作"从此知道安说法不能平等",上文正有"便知道安上人说法,不能平等"之语。

听得一自（字）之妙法,入于身心。（262页）

楚按：原校"自"作"字",非是。原文"自"字乃是"句"

字形误，下文有"得一句妙法，分别得无量无边"之语，可以为证。

着街衢见端正之人，便言前境修来。（262页）

校注：着，原录作"著"。项楚注："'著'当作'若'。"按：原卷作"着"（卷内皆同，原录多有改为"著"者，"着""著"并行，今凡录作"著"者悉依原卷作"着"），为介词，义同"于"。《全唐诗话》卷一《王维》条："在泉为珠，着壁成绘。""著"即"在""于"之意。

楚按："著""着"二字，在敦煌写本中本多混用，并无实质的不同。至于《全唐诗话》的"在泉为珠，着壁成绘"，是说处于泉中则为珠，附着壁上即成绘，"着"不必理解为介词。而把本篇的"着街衢"说成"于街衢"，也觉得勉强。原文"弟三是有相者"以下的一段话，是设想"有相"的两种情形，"着街衢"云云便是其中之一，"着"为"若"的形近之误是有可能的。

适来据汝宣扬，不若（弱）于道安，与我更说多少。（263页）

楚按：第二句"不"上原卷有"也"字，作"也不若（弱）于道安"。末句"多少"原卷作"少多"，校记已经指出，正文亦应改正。

相公先遣钱二百贯文，然后将善庆来入寺内。（264页）

校注：遣，疑有误。前文云："相公每日朝下，常在福光寺内听道安讲经，纳钱一百贯文。"用"纳"而不用"遣"。或"遣"下脱"纳"字。

楚按："遣"字不误。"遣"的本义是派遣，这里的"遣钱"

是派人预先送钱的意思,故前面用了"先"字。

其时善庆亦其堂内起来,高声便唤,指住经题。(264页)

校注:指,原录作"止"。按:原卷先写"止",又接写"指",盖为表示以"指"改"止"之意。

楚按:第一句第二个"其"字应是"自"字之误,作"自堂内起来"。末句原卷先写"止"字,又接写"指"字,但这个"指"字上面又加一点,表示涂抹,则原卷仍是"止住经题",谓打断经题,原录作"止"是正确的。

汝见今身,且为下贱,如何即得自由佛法!付嘱国王大臣,智者方能了义。(264页)

楚按:第三句作"如何即得自由",谓远公身为下贱奴隶,没有人身自由。"佛法"是下句的主语,应连下作"佛法付嘱国王大臣",盖佛教在传播中有意借助国王大臣等的势力,故有此说,如《仁王护国般若波罗蜜经》卷下《奉持品》:"我以是经付嘱国王,不付比丘、比丘尼、优婆塞、优婆夷,所以者何?无王威力,不能建立。"唐太宗《佛遗教经施行敕》:"如来灭后,以末代浇浮,付嘱国王大臣,护持佛法。"《景德传灯录》卷二一《杭州龙华寺彦球禅师》:"从前佛法,付嘱国王大臣及有力檀越。"

但之好好立义将来,愿好相祗对。(265页)

楚按:上句"之"字是"知"的同音字,"但知"就是只管,"知"是语助词,不为义,如王绩《过酒家》:"对酒但知饮,逢人莫强牵。"王梵志诗一六三首:"打骂但知默,无应即是能。"又上句末二字"将来"应属下句,作"将来愿好相祗对",谓以后愿好相祗对。

遂揽典尺，抛在一边。（265页）

楚按："典尺"无注，不可解，"典"字应是"界"字形误。"界尺"是书案上用以镇压书纸的尺状物，《新五代史·赵光逢传》："光逢在唐以文行知名，时人称其方直温润，谓之'玉界尺'。"宋陶谷《清异录》卷四《睚宗郎君》："界尺曰由准氏。"宋王铚《默记》卷下："一日，其子援至所居乌龙寺僧房，有玉界尺在案上，乃公所爱。"清纪昀《阅微草堂笔记》卷一："一日，忽登禅床，以界尺拍案一声，泊然化去。"按"界尺"亦作"戒尺"，清顾思张《土风录》卷三《界尺》："或亦作戒尺，谓以戒饬塾童，即古夏楚之意。"佛教说法传戒时亦有"戒尺"，用以敲击发声，以警觉大众。《敕修百丈清规》卷下《沙弥得度》："设戒师座几，与住持分手，几上安香烛、手炉、戒尺。"

若也祗对一字参差，却对贱奴向相公边请杖。（265页）

校注：对，原录作"到"。按："到"为"对"之俗字"荝"之省误，故径改。

楚按：此说非是。原文是说贱奴本人向相公边请杖，而非某人对着贱奴向相公边请杖，原录"到"字是。这个"到"字是轮到的意思，如《朝野佥载》卷二："御史非常任，参军不久居，待君迁转后，此职还到余。"《大唐新语·谀佞》："若食逆者心肝而为忠者，则兰之心肝当为太子诸王所食，岂到汝乎？"《五灯会元》卷一五《天王永平禅师》："指挥使未到你在。"王梵志诗〇三九首："我老妻亦老，替代不得住，语你夫妻道，我死还到汝。"又一三四首："我见那汉死，肚里热如火，不是惜那汉，恐畏还到我。"

如来留教随经，皆因阿阇世尊谈宣，是人总会。（265页）

楚按：校注者于"阿阇世尊"旁加专名线，则是以"阿阇世尊"为一人矣。但"世尊"为佛的十种称号之一，佛经中并无"阿阇世尊"之说，只有"阿阇世王"之称。阿阇世王为释迦牟尼时代中印度摩竭陀国频婆娑罗王之子，曾弑父害母，《观无量寿佛经》卷上云"尔时王舍大城有一太子，名阿阇世，随顺恶友调达之教，收执父王频婆娑罗，幽闭置于七重室内，制诸群臣一不得往。国太夫人名韦提希，恭敬大王，澡浴清净，以酥和麨，用涂其身，诸璎珞中，盛蒲萄浆，密以上王。尔时大王食麨饮浆，求水漱口，漱口毕已，合掌恭敬，向耆阇崛遥礼世尊，而作是言：'大目犍连是吾亲友，愿兴慈悲，授我八戒。'时目犍连如鹰隼飞，疾至王所，日日如是，授王八戒。世尊亦遣尊者富楼那为王说法。如是时间经三七日，王食麨蜜，得闻法故，颜色和悦。时阿阇世问守门者：'父王今者犹存在耶？'时守门人白言：'大王，国太夫人身涂麨蜜，璎珞盛浆，持用上王。沙门目连及富楼那从空而来，为王说法，不可禁制。'时阿阇世王闻此语已，怒其母曰：'我母是贼，与贼为伴，沙门恶人，幻惑咒术，令此恶王多日不死。'即执利剑，欲害其母。时有一臣，名曰月光，聪明多智，及与耆婆，为王作礼，白言：'大王，臣闻《毗陀论经》说劫初以来，有诸恶王，贪国位故，杀害其父一万八千，未曾闻有无道害母。王今为此杀逆之事，污刹利种，臣不忍闻，是旃陀罗，我等不宜复住于此。'时二大臣说此语竟，以手按剑，却行而退。时阿阇世惊怖惶惧，告耆婆言：'汝不为我耶？'耆婆白言：'大王，慎莫害母。'王闻此语，忏悔求救，即便按剑，止不害母。敕语内官，闭置深宫，不令复出。"阿阇世既为世间恶王，显然不能称为"阿阇世尊"，本篇此数句应作："如来留教随经，皆因阿阇世。〔世〕尊谈宣，世人总会。"第三句之首脱一"世"字，盖涉上"世"字作一重文符号，书手抄写时又脱去也。此句之"世尊"即是第一句之"如来"，指释迦牟尼。然而阿阇世王既有弑父害母恶行，为何又说"如来留教随经，皆因阿阇世"呢？原来佛书记载，阿阇世王后来向佛忏悔，皈依佛法，为佛教之大护法。释迦牟尼涅槃之后，迦叶等结集佛教经典时，阿阇世王为大施主，如《大智度论》卷二："频婆娑罗王得道，八万四千官属亦名得道。是时王教敕宫中，常设饭食，供养千人。阿阇世王不断是法。尔时大迦叶思维言：'若我等常乞食者，当有外道强来难问，废阙法事。今王舍城常设饭食，供给千人，是中可住结集经藏。以是故选取千人，不得多取。'是时大迦叶与千人俱，到王舍城耆阇崛山中，告语阿阇世王：'给我等食，日日送来，今我等结集经藏，不得他行。'"《大唐西域记》卷九《摩竭陀国下》："竹林园西南行五六里，南山之阴，大竹林中有大石室，是尊者摩诃迦叶波在此与九百九十九大阿罗汉，以如来涅槃后，结集三藏。前有故基，未生怨王为集法藏诸大罗汉建此堂宇。"按"未生怨王"即阿阇世王的异译，故本篇云"如来留教随经，皆因阿阇世"也。

《涅槃经》文既有，众生于此修行，若也经法全无。凭何如（而）出世？（266页）

楚按：第二句"于"当作"依"，作"众生依此修行"。盖唐五代西北方音"于""依"音同，因而相混。如《前汉刘家太子传》："其子于父言教，至于彼处磻陁石上，有一太子，端严而坐。""于父言教"就是"依父言教"，即是其例。

雷音之下，有鼓难鸣；碧玉之前，那逗寸铁！（266页）

楚按：第二句"有"字为"布"字之误，典出《汉书·王尊传》："太傅在前说《相鼠》之诗，尊曰：'毋持布鼓过雷门！'"颜师古注："雷门，会稽城门也，有大鼓。越击此鼓，声闻洛阳，故尊引之也。布鼓谓以布为鼓，故无声。"《抱朴子内篇·金丹》："闻雷霆而觉布鼓之陋。"《维摩诘经讲经文》："我即还同明（鸣）布鼓，维摩直似振春雷。"

既言我佛慈悲为体，如何不度羼提众生？（266页）

楚按："羼提"本是忍辱的音译，施于此处却未合。此处及下文的多处"羼提"皆应作"阐提"，即"一阐提"，佛教称断尽善根、不信佛法的极恶之人为"一阐提"。《大般涅槃经》卷五："一阐提者，断灭一切诸善根本，心不攀缘一切善法，乃至不生一念之善。"又卷九："譬如焦种，虽遇甘雨，百千万劫，终不生芽；芽若生者，亦无是处。一阐提辈亦复如是，虽闻如是大般涅槃微妙经典，终不能发如是心芽；若能发者，无有是处。何以故？是人断灭一切善根，如彼焦种，不复能生菩提根芽。"又卷一九："一阐提者，不信因果，无有惭愧，不信业报，不见现在及未来世，不亲善友，不随诸佛所说教戒，如是之人，名一阐提，诸佛世尊所不能治。"又卷二六："一阐名信，提名不具，不具信故，名一阐提。"

阇梨适来所说言词大远，讲赞经文大错，总是信口落荒。（266页）

校注：项楚校"'远'似应作'违'"。按：项校近是。

楚按：今日思之，原文"远"字是，"大远"即背离佛道极远。"远"表示远离佛道,如《祖堂集》卷二《第二十祖阇夜多尊者》:"今此头陀,不久当堕,与道悬远。"《景德传灯录》卷一九《韶州云门山文偃禅师》:"你诸人更拟进步向前,寻言逐句,求觅解会,广设问难,只是赢得一场口滑,去道转远。"《法演禅师语录》卷中:"眼亲手办,未是惺惺;口辩舌端,与道转远。"

如今若见远公,还相识已否?(267页)

校注:"若"上原录有"者"字,当为"若"之形近误字,衍。

楚按:"者"字似不衍,"如今者"就是"如今","者"表示语气提顿。

道安闻语,由(犹)自身怀疑惑。(267页)

校注:自身,原录作"身自"。蒋绍愚校:"'由身自怀'应为'由自身怀'之误。"兹据乙转。

楚按:原文"身"字为涉下"自"字的误字,应删去,此句作"犹自怀疑惑"。

轮回数遍,不愚(遇)相逢,已(以)是因缘,保债得债。(268页)

楚按:原校"愚"作"遇",但"不遇"与"相逢"自相矛盾。"愚"并非是"遇"之误,而是"虞"之误,"不虞"即不料,表示意外,如韩愈《泷吏》:"不虞卒见困,汗出愧且骇。"

从今已后,更不复作苦。劝门徒弟子欠债,直须还他。(268页)

楚按:第二句应作"更不复作","作"指上文的"负他人债"

之事。"苦"字属下,"苦劝"即苦苦地劝告。"苦"即极力,《世说新语·排调》:"尔时例不给布帆,顾苦求之,乃得。""欠债"亦应属下,末二句作:"苦劝门徒弟子,欠债直须还他。"

是时远公由(犹)未了,遂被会下诸〔众〕并及相公,再请远公重升高座。(268页)

楚按:第一句"由"字上应脱"道"字,"道由(犹)未了"就是话还没有说完。《古今小说·任孝子烈性为神》云:"道犹未了,嚷动邻舍、街坊、里正、缉捕人等,都来缚住任珪。"敦煌变文中亦作"道由(犹)未竟",《汉将王陵变》云:"道由未竟,灌婴到来。"

骨貌神姿,世人之罕有。(268页)

楚按:下句原卷无人字,作"世之罕有"。

贫道是一界(介)凡僧,每谢君王请(清)命。(268页)

校记:项楚按"'请命'当作'清命',下文'二愿莫违皇帝清命',正作'清命'。又下文'且依皇帝请命','请命'也应作'清命'"。兹据校。

楚按:今日思之,此处"请命"不误,下文的"清命"却应作"请命"。"请命"就是邀请。《大般涅槃经》卷一六:"是优婆夷,夏九十日,请命众僧,奉施医药。"《景德传灯录》卷二五《天台山德韶国师》:"帝王请命,师赴王恩,般若会中,请师举唱。"《五灯会元》卷一〇《清凉泰钦禅师》:"国主请命,祖席重开,学人上来,请师直指心源。"

儒童说五典，释教立三宗。（269页）

校注："童"当为"重"之形讹，"重说"当为"说重"之倒，"儒说"与"释教"对，"重"与"立"对。

楚按：据校注所说，则上句当作"儒说重五典"，非是。其实原文"儒童说五典"完全正确，正与下句"释教立三宗"为对。"儒童"就是孔子，佛教及道教或称孔子为"儒童"。如法琳《辨正论·九箴篇》原注引《空寂所问经》云："迦叶为老子，儒童为孔子，光净为颜回。"又《破邪论》卷上引《清净法行经》云："佛遣三弟子震旦教化，儒童菩萨彼称孔子，光净菩萨彼云颜回，摩诃迦叶彼称老子。"延寿《万善同归集》卷下引《起世界经》云："佛言：我遣二圣往震旦行化，一者老子，是迦叶菩萨；二者孔子，是儒童菩萨。"吉藏《三论玄义》卷上："没令孔是儒童，老是迦叶，虽同圣迹，圣迹不同。"

地流长平之水，园开不朽之花。（269页）

校注：此句原录作"地平长流之水"，与下句"园开不朽之花"不相对，故予乙转。

楚按：原录"地平长流之水"正与下句"园开不朽之花"为对，不必乙转。孟浩然《望洞庭湖赠张丞相》："八月湖水平，涵虚混太清。"王湾《次北固山下》："潮平两岸阔，风正一帆悬。""平"皆为满溢，与此处的"平"字相同。

（原载《中国文化》2001年第17、18期）

王梵志诗论

白话诗人王梵志,至今仍是中国文学史上的一个谜。

关于他的身世,晚唐冯翊子(严子休)撰《桂苑丛谈·史遗》云:

> 王梵志,卫州黎阳人也。黎阳城东十五里有王德祖者,当隋之时,家有林檎树,生瘿大如斗。经三年,其瘿朽烂,德祖见之,乃撤其皮,遂见一孩儿,抱胎而出,因收养之。至七岁能语,问曰:"谁人育我?"及问姓名。德祖具以实告:"因林木而生,曰梵天(后改曰志);我家长育,可姓王也。"作诗讽人,甚有义旨,菩萨示化也。

这显然是一个神话,它不能当作信史看待,只不过为王梵志其人平添了一层惝恍迷离的色彩而已。因此,历来的研究者对王梵志其人有种种不同的猜测,或以为是胡僧,或以为是化俗法师,或以为是在俗佛人的共称,或者怀疑其人的实在性,如此等等。这些猜测出于缺乏有力的证据,因而难以令多数学人信服。近年,台湾潘重规教授在《敦煌王梵志诗新探》中,以独具的慧眼,扫

除了笼罩着王梵志故事的神秘气氛,而断定它只是记载了一个弃婴被收养的经过。他说:

> 据我看来,《丛谈》只是如实叙述:王德祖家园中有一棵林檎树,生了个斗大的瘿。经过三年,树瘿腐烂了,德祖剥开树皮一看,发现了一个婴儿,就抱胎儿出来,把他收养成长。到了七岁能说话的时候,就询问他出生的经过和姓名。王德祖据实告诉他,是从林檎朽瘿中抱出来的,并不知他出生的来历;是他王家抚养成长的,所以就叫他王梵天。至于王梵志的名字,是以后更改的。从记载看来,并没有丝毫神异的色彩。据我们了解,王德祖只是发现了一个安置在树瘿掩蔽中的婴儿,抱来抚养成人。他心里想这个婴儿定然是被生身父母所遗弃,不过他没有对王梵天说出他心里的想法罢了。

接着潘先生又以唐代另一著名弃儿陆羽的事迹相印证,使王梵志也是弃儿的论断合情合理,令人悦服。不过我还是难以拂除心头的疑云,因为在我脑海中浮现出另外一些与王梵志故事类似的神话来。元虞集《道园学古录》卷三四《高昌王世家神道碑》云:

> 考诸高昌王世家,盖畏吾而之地有和林山,二水出焉,曰秃忽剌,曰薛灵哥。一夕,有天光降于树,在两河之间,国人即而候之,树生瘿若人妊身然。自是光恒见者越九月又十日,而瘿裂,得婴儿五,收养之。其最稚者曰卜古可汗,既壮,遂能有其民人土田,而为之君长。

下文还提到"传三十余君"后，与唐议和亲的事，可见这个神话的产生是很久远的。宋马纯《陶朱新录》云：

> 交州界峒中槟榔木忽生瘿，渐大，俄闻其中有啼声。峒丁因剖视之，得一儿，遂养于家。及长，乃一美妇人，婉若神仙。

这两处也提到树瘿生婴的神话，很难设想全都是记载弃婴的故事。其实，这是少数民族古老的史诗性传说。这种先民古老传说的特定模式有许多变种，如《吕氏春秋·本味》所载伊尹生于空桑的神话：

> 有侁氏女子采桑，得婴儿于空桑之中，献之其君。其君令烰人养之，察其所以然，曰："其母居伊水之上，孕，梦有神告之曰'臼出水而东走，毋顾'。明日，视臼出水，告其邻，东走十里而顾，其邑尽为水，身因化为空桑。"故命之曰伊尹。此伊尹生于空桑之故也。

有趣的是，在纬书中记载，孔子也是生于空桑之中。《艺文类聚》卷八八引《春秋孔演图》曰：

> 孔子母徵在游大冢之陂，睡，梦黑帝使请与己交，语曰："女乳必于空桑之中。"觉则若感，生丘于空桑之中。

又《华阳国志》卷四《南中志》载竹王出于大竹的神话亦云：

> 有竹王者,兴于遯水。有一女子浣于水滨,有三节大竹流入女子足间,推之不肯去。闻有儿声。取持归,破之,得一男儿。长育,有才雄,遂雄夷濮。氏以竹为姓。捐所破竹于野,成竹林,今竹王祠竹林是也。

这样看来,《桂苑丛谈》所载王梵志出生的神话,也只不过是这一古老传说模式的又一变种,不应该当作历史的真实看待。

但我们不必因此而一定否认王梵志其人的存在。在关于他的神话中,也有某些具体可信的内容。《桂苑丛谈·史遗》说他的奇特出生是"当隋之时",《太平广记》卷八二引《史遗》(明抄本作《逸史》)也说是"隋文帝时"。关于他的籍贯,《桂苑丛谈》和《太平广记》都说是卫州黎阳人,范摅《云溪友议》卷一一却说他"生于西域林木之上",这恐怕不可信。敦煌遗书伯4978号《王道祭杨筠文》中,王道自称是"东朔方黎阳故通玄学士王梵志直下孙"。这篇祭文据我考察,乃是一篇游戏文字,不能认真看待①,不过所记王梵志的籍贯,和《桂苑丛谈》《太平广记》一致。这些,我们不妨都看作实有其事。总之,王梵志其人在唐代民间是十分出名的,所以才有关于他的神话流行,并有人假借他的大名(甚至自称是他的孙子)以高自位置。但我们对他所知甚少,王梵志仍然是一个尚未完全猜透的谜,留待人们今后去继续考索。

作者的朦胧并不等于作品的晦涩,作者的难以考订并不意味着作品的不可思议。敦煌所出王梵志诗写本共有三十五种,加上散见于唐宋笔记诗话、禅宗语录中的王梵志诗,张锡厚著《王梵

---

① 见拙文《敦煌遗书中有关王梵志三条材料的校订与解说》。

志诗校辑》厘定为 336 首，拙著《王梵志诗校注》①经过重新分首、辨伪和辑佚，厘定为 390 首。这三百多首诗的内容相当广泛，思想十分驳杂，它们暗示了关于作者的许多情况。我经过潜心玩索，深信这三百多首"王梵志诗"，绝不是一人所作，也不是一时所作，而是在数百年间，由许多无名白话诗人陆续写就的。

要把所有的蛛丝马迹在一篇论文中全部加以探讨是困难的。这里，我想仅就王梵志诗中与佛教有关的作品，来论证它们不可能是某个特定个人的创作。

王梵志其人在唐代就被看作"菩萨示化"（《桂苑丛谈》），他的诗歌被作为僧徒开悟群迷的教材，如《云溪友议》卷一一载云朗上人"或有愚士昧学之流，欲其开悟，则吟以王梵志诗"。宗密《禅源诸诠集都序》卷四也说："或降其迹而适性，一时间警策群迷，志公、傅大士、王梵志之类。"可是考察这位示化菩萨有关佛教的诗作，发现情况却颇为复杂。

在《王梵志诗校辑》（以下称《校辑》）卷二中，收入了组诗《道士头侧方》《观内有妇人》《道人头兀雷》《寺内数个尼》（《校辑》〇二一至〇二四首），分别描写了道士、道姑、和尚和尼姑。这些诗作与其说是宗教诗，不如说是宗教问题诗，是王梵志社会问题诗的一部分。作者是以旁观者的身份，而不是以宗教徒的身份，来客观地观察和评论宗教问题。试看《道士头侧方》云：

道士头侧方，浑身总着黄。无心礼拜佛，恒贵天尊堂。三教同一体，徒自浪褒扬。一被（原卷作种）沾贤

---

① 全文收入北京大学中国中古史研究中心编《敦煌吐鲁番文献研究论集》第四辑，增订单行本由上海古籍出版社出版。

圣,无弱亦无强。莫为分别相(当作想),师僧自设(原卷作说)长。同尊佛道教,凡格(当作俗)送衣裳。粮食逢医药,垂死续命汤。敕取一生活,应报上天堂。

这首诗是写道士的。研究者虽然都注意到作者是主张"三教同一体""同尊佛道教"的,可是往往忽略了作者实际上是有所抑扬褒贬的。"徒自浪褒扬"并非泛言三教,而是特有所指,故下文说"莫为分别相(想),师僧自设(说)长"。原文"相"是"想"字之讹,敦煌卷子习见,如梵志诗《好住四合舍》(《校辑》〇七三首):"忆想生平日,悔不唱《三台》。""忆想"原卷作"忆相",即是其例。"分别想"是说区分亲疏贵贱的念头,《五灯会元》卷二《广州志道禅师》:"分别一切法,不起分别想。"正是此意。"自说长"《校辑》录作"自设长",关键处一字之差,全诗的倾向遂晦而不明。其实"自说长"就是指的上文"徒自浪褒扬",作者在肯定三教一体、无弱无强的同时,批判了"师僧"(就是僧徒)的妄自尊大,针对性是十分鲜明的。

在这组诗的下面三首中,作者也对和尚、尼姑给予了批判,而对道姑则寄予了同情。例如他对道姑和尼姑的描写,恰好成了鲜明的对此。《观内有妇人》后半云:

贫无巡门乞,得谷相共餐。常住无贮积,铛釜当房安。眷属王役苦,衣食远求难。出无夫婿见,病困绝人看。乞就生缘活,交即觅饥寒。

诗中的"常住"指道观的厨房(下引《寺内数个尼》诗中"常住

无贮积",则指寺院的厨房)①。诗中的"生缘",这里是亲属之义②。作者从两方面叙写了道姑生活的艰难。"贫无"以下四句,写道姑糊口不易;"眷属"以下四句,写道姑孤苦无依。"眷属王役苦"是说道姑的亲人困于王役,自顾尚且不暇。"衣食远求难"是说道姑远离家乡,难以寻求亲人的帮助。"出无夫婿见"是说道姑孑然一身,没有生活伴侣。因而"病困绝人看",一旦沉疴缠身,连个照料看顾的人也没有。那么怎样才能解决这些困难呢?"乞就生缘活,交(教)即免饥寒。"希望能回家和亲人相濡以沫,或许能免于饥寒吧。这是因为释道之法,一旦出家,为了割断俗缘,例须远离家乡和亲人。如《太平广记》卷六六《谢自然》(出《集仙录》):"修道要山林静居,不宜附近村栅,……仍须远家及血属,虑有恩情忽起,即非修持之行。"《萨婆多毗尼毗婆沙》卷二:"夫出家者为灭垢累,家是烦恼因缘,是故应极远离也。"而这群下层道姑却发出了"乞就生缘活"的呼声,实际上就是要求还俗,恢复过凡人生活的权利。她们的感情和愿望,与俗人亦无以甚异。读者不难感到,作者在字里行间对她们倾注了深切的同情。

然而作者笔下的一群尼姑却截然不同,《寺内数个尼》后半云:

常住无贮积,家人受寒饥。众厨空安灶,粗饭常房安(乙二本作"吠",即"炊"字形伪)。只求多财富,余事且随宜。富者相过重,贫者往还稀。但知一日乐,

---

① 见周一良《王梵志诗的几条补注》,载《北京大学学报》(哲学社会科学版),1984年4期。
② 见拙文《王梵志诗释词》"生缘"条。

忘却百年饥。不采生缘瘦，唯愿当身肥。今多捐却宝，我生更若为？

"常住"四句写尼姑的艰难生活，与前首道姑相似。可是尼姑应付艰苦的办法，却和道姑迥异，采取了只顾自己、只顾眼前（今生）的唯利是图的方针。"富者相过重，贫者往还稀"，嫌贫爱富，已违背了佛教平等之义。"不采生缘瘦，唯愿当身肥"，只图自身富足，哪管亲人贫困，这和道姑愿与亲人相濡以沫恰成鲜明对照。最后两句"今多捐却宝，我生更若为"，应据乙二本作"今身捐却宝，来生更若为"。"宝"指人身，宋方岳《深雪偶谈》："渊明《饮酒》诗云'客养千金躯，临化消其宝'。以宝喻躯，躯失则宝尽矣。"作者以此二句警告这群尼姑：今身如此度过，来生将不堪设想，盖以恶业报应惧之也。

总之，这一组诗是从客观立场观察和评论宗教问题，其思想倾向绝不是有利于佛教的。这显然不会是"菩萨示化"的王梵志所作。

即使是在那些以佛教信徒身份创作的"王梵志诗"中，也可以发现观念上的巨大差异乃至扞格矛盾的现象。佛教的内容是十分复杂纷繁的，我们不妨粗略地把它分为两个层次。在较低的层次上，它主要是一种宗教迷信，愚昧而荒诞。在较高的层次上，它表现为一种哲学，一种宗教的世界观，虽然仍不免于荒诞，然而却时时闪现出古代人类的智慧之光。

王梵志诗中的佛教思想，大量地表现为前一个层次。我们哪怕粗略地浏览一遍，也随时可以看到对地狱恶道的极端恐惧，对天堂西方的无限向往，及关于善恶报应的反复说教，以至于我们无须在这里一一举例了。这些作品表现了佛教迷信在唐代民间深入人心的实际状况，王梵志诗的通俗性质，作为下层人民观念形态的真实反映，也通过这些迷信思想表现出来。其中较具理论性的，如《身强避却罪》(《校辑》二六一首)：

> 身强避却罪，修福只心勤。专意涓涓念，时时报佛恩。
> 得病不须卜，实莫浪求神。专心念三宝，莫乱自家身。
> 十念得成就，化佛自迎君。若能自安置，抛却带囚身。

这里阐发的是佛教净土宗的理论，虽然简便易行，然而实在没有什么深奥的哲理可言。自唐代以来，净土信仰就是民间佛教信仰的主要形式，因而也是王梵志诗中佛教信仰的主要形式。

但是在敦煌遗书伯 3833 号王梵志诗卷的开端部分，却收入了一组佛教哲理诗：《人去像还去》《一身元本别》(《校辑》作《一身无本利》)、《以影观他影》《观影元非有》《雷发南山上》《非相非非相》《但看茧作蛾》(《校辑》作《但看蛾作卵》)、《黄母化为鳖》(以上为《校辑》〇八〇至〇八七首)，阐发了比较深邃的佛教理论，独异于其他诗作，显然别具一格。它们所发挥的理论，我认为属于大乘空宗的般若学说。鸠摩罗什译《摩诃般若波罗蜜经》(《大品般若经》)序品云：

> 解了诸法，如幻，如焰，如水中月，如虚空，如响，如犍婆城，如梦，如影，如镜中像，如化。

《大智度论》卷六具引了这段经文，并加以详尽的阐发。而王梵志的这一组佛教哲理诗，基本上就是发挥上引《般若》十喻的。如《人去像还去》发挥"如镜中像"之喻，《以影观他影》发挥"如影"之喻，《观影元非有》发挥"如影""如梦"之喻，《雷发南山上》发挥"如虚空"之喻,《但看茧作蛾》发挥"如化""如梦"之喻,《黄母化为鳖》发挥"如化"之喻。而《一身元本别》发挥"如焰"之喻,宣称人身不过是因缘假合的产物,虚幻不实,这也是这一组诗的总的主题。其中《非相非非相》一首也许是最深奥的,因而我们在下面对它略作注释:

> 非相非非相①,无明无无明②。相逐妄中出③,明从暗里生。明通暗即尽④,妄绝相还清。能知寂灭乐⑤,自然无色生⑥。

---

① 非相非非相:按隋慧远《大乘义章》三本云"诸法体状,谓之为相"。北本《大般涅槃经》卷二二:"如来非相,何以故?久已远离诸相故,是故非相。亦非非相,何以故?善知诸相故,是故非非相。"又卷二七:"善男子,佛性者,亦色非色非色非非色,亦相非相非相非非相,亦一非一非一非非一,非常非断非非常非非断,亦有亦无非有非无,亦尽非尽非尽非非尽,亦因亦果非因非果,亦义非义非义非非义,亦字非字非字非非字。……云何为相?三十二相故。云何非相?一切众生相不现故。云何非相非非相?相非相不决定故。"盖"相"为具体事物之状貌,一切诸法既非实有,则其状貌亦非实有,故云"非相";而"非相"亦非实有,故云"非非相"也。

② 无明无无明:按"明"即智慧,为佛教"六度"之一,《大乘义章》四本云"知法显了,故名为明"。"无明"亦云"痴"或"愚痴",为佛教"三毒"之一,《大乘义章》四本:"言无明者,痴暗主心,体无慧明,故曰无明。"《圆觉经》:"此无明者,非实有体,如梦中人,梦时非无,及至于醒,了无所得。"盖"无明"亦非实有,故云"无无明"也。

③ 相逐妄中出:"妄"指妄心、妄想,《大乘起信论》云"一切众生,以有妄心,念念分别"。《大乘义章》三本:"凡夫迷实之心,起诸法相,执相施名,依名取相,所取不实,故曰妄想。"盖佛法平等一如,而众生由于妄想作用,起分别想,而现善恶美丑种种之相,故云"相逐妄中出"。

④ 明通暗即尽:按"明"即智慧,"暗"即无明。《大集经》卷四:"譬如一处有百年暗室,一灯能破。"即此句之意。

⑤ 寂灭:即"涅槃"之义译。《维摩诘经·佛国品》:"知一切法皆悉寂灭。"僧肇注:"去相故言寂灭。"

⑥ 色生:《校辑》校记云"原作'色声',据文义改"。按原文"色声"不误,亟应回改。"色声"简称"色",复言"色声",指感官所觉知的外间事物之"相"。王维《与胡居士皆病寄此诗兼示学人》:"色声非彼妄,浮幻即吾真。"

此首"非相非非相"等语,阐发佛教空义,颇为精微。盖自真谛视之,实相不过因缘假合,本性是空;自俗谛视之,既有因缘假合,则仍是有。不着两边,即为"非相非非相"矣。此义以僧肇所释最为明白,《答刘遗民书》云:"故经云:真般若者,非有非无,无起无灭,不可说示于人。何则?言其非有者,言其非是有,非谓是非有;言其非无者,言其非是无,非谓是非无。非有非非有,非无非非无。是以须菩提终日说般若而云无所说。此绝言之道,知何以传?庶参玄君子有以会之耳。"又《维摩诘经·佛国品》僧肇注:"欲言其有,有不自生。欲言其无,缘会即形。会形非谓无,非无非谓有。且有有故有无,无有何所无,有无故有有,无无何所有。然则自有则不有,自无则不无。此法王之正说也。"皆有助于领会梵志此诗的精义。如此精微的思辨,显然有别于王梵志诗中大量的天堂地狱迷信之说,而是属于更高思维层次的义理探求。如果说王梵志诗中的这些不同层次的诗作,全都出于同一位作者之手,那是难以令人相信的。

即使在具体的佛教观点上,我们也可以发现"王梵志诗"的自相矛盾之处。如《饶你王侯职》(《校辑》一一一首):

饶你王侯职,饶君将相官。蛾眉珠玉佩,宝马金银鞍。锦绮嫌不着,猪羊死不餐。口中气朴断,眷属不相看。

其中"猪羊死不餐"一句,《校辑》注云:"死不:俗语,犹言硬不、决不。死,表示顽固、固执。"当系误解。此句言嫌弃自死之猪羊不食,而必欲杀生害命也。按佛教戒杀生食肉,但小乘戒律认为自死之肉属于所谓"净肉",佛允许俗人食之。《入楞伽经·

遮食肉品》："肉有二种，一者他杀，一者自死。以世人言，有肉得食，有不得者。"《颜氏家训·归心》："齐国有一奉朝请，家甚豪侈，非手杀牛，啖之不美。"此事正与梵志诗"猪羊死不餐"相同。显然，此首作者是奉信自死之肉可食的小乘戒律的。这种观点在下一首《自死与鸟残》（《校辑》一一二首）中说得更加明白：

> 自死与鸟残，如来相体恕。莫养充（原卷作啬，即图字）口腹，莫煞共盘飣。铺头钱买取，饱啖何须虑。倘见阎罗王，亦有分疏取。

按"自死"（诸鸟兽命尽自死者）与"鸟残"（鹰鹫等食他鸟兽所余之肉）。皆是所谓"净肉"。《十诵律》卷三七："痴人，我听啖三种净肉。何等三？不见、不闻、不疑。不见者，不自眼见为我故杀是畜生。不闻者，不从可信人闻为汝故杀是畜生。不疑者，是中有屠儿，是人慈心，不能夺畜生命。我听啖如是三种净肉。"这三种净肉，加上"自死"与"鸟残"，即是五种净肉。《楞严经》卷六："阿难，我令比丘食五净肉。"这是佛教小乘戒律，我国僧徒在梁武帝以前，大抵是遵从净肉可食的戒律的。此首云"自死与鸟残，如来相体恕"，又云"铺头钱买取，饱啖何须虑"，也是根据小乘戒律说的。但佛教大乘戒律主张凡肉皆断，如北本《大般涅槃经》卷四："迦叶菩萨复白世尊：'云何如来不听食肉？''善男子，夫食肉者断大慈种。'迦叶又言：'如来何故先听比丘食三种净肉？''迦叶，是三种净肉，随事渐制。'迦叶菩萨复白言：'世尊，何因缘故，十种不净乃至九种清净亦复不听？'佛告迦叶：'亦是因事渐次而制，当知即是现断肉义。'"即以净肉可食之说为"随事渐制"的权宜之说。故《广弘明集》卷二六载梁武帝《断酒肉文》:"或云'肉非己杀,犹自得啖,以钱买肉,亦复非嫌'。如是说者,是事不然。《涅槃经》云'一切肉悉断,及自死者'。自死者犹断,何况不自死者。《楞严经》云'为利杀众生,以财网诸肉,二业俱不善,死堕叫呼狱'。何谓以财网肉?陆设置罘,水设网罟,此是以网网肉。若从屠杀人间以钱买肉,此是以财网肉。若此人不以财网肉者,习恶律仪,捕害众生,此人为当专自供口,亦复别有所拟?若别有所拟,向食肉者,岂无杀分?"又载《叙梁武帝与诸律师唱断肉律》,记梁武帝敕周舍云:"僧辩所道自死肉,若如此说,鸥鸦鸠鸽,触处不死,那不见有一自死者?獐鹿雉兔,充满野泽,亦不曾见有一自死者。而觅死肉,其就屠杀家;觅死鱼,必就罾网处。若非杀生,岂有死肉?经言:买肉与杀生,此罪一等。"这简直就像是专门驳斥梵志《自死与鸟残》诗的。由于梁武帝的严禁与提倡,我国僧徒遂废弃净肉得食之习,而改从凡肉皆断的大乘戒律。这也表现在梵志诗中,如《造酒罪甚重》(《校辑》二三二首):

造酒罪甚重,酒肉俱不轻(丁五本作"买肉亦不轻")。若人不信语,检取《涅槃经》。

此首把主张凡肉皆断的大乘经典《涅槃经》作为禁肉的根据,显然和《自死与鸟残》的主张相矛盾。它们绝非出自一人之手,也是不言而喻的。

小乘佛教早期在我国亦有传播,但流行广、影响大的则是大乘佛教。王梵志诗中表现的佛教思想,自然也主要是属于大乘的范围,但也不难发现小乘的表现。除了净肉得食之说外,如《出家多种果》(《校辑》二七六首):

> 出家多种果，花叶竞来新。庵萝能逸熟，获得未来因。后园多桃李，花盛乱迎春。花繁枝结实，何愁子不真。努力勤心种，多留与后人。新人食甘果，愧荷种花人。悉达追远福，学道莫辞贫。但能求生路，同证四果身。

此首以种庵罗果为喻，劝勉修行者为来生多种善因。北本《大般涅槃经》卷二九："迦毗罗城有释种子，字悉达多，姓瞿昙氏，父名白净。其生未久，相师占之，定当得作转轮圣王，如庵罗果已在手中。"正以庵罗果比喻善果，与此诗相同。而此诗劝勉修行的"四果"，指小乘佛教修行的四种果位：须陀洹果、斯陀含果、阿那含果、阿罗汉果，而以阿罗汉果为小乘修行的极果，从此永入涅槃，不堕轮回。然而小乘果位是极难修致的，故此诗以种庵罗果为喻。玄应《一切经音义》卷八《维摩诘所说经音义》卷上："庵罗，或言庵婆罗，果名也。案此果花多而结子甚少，其叶似柳，而长一尺余，广三指许。果形似梨，而底钩曲。彼国名为王树，谓在王城种之也。经中生熟难知者，即此也。"以"花多而结子甚少"的庵罗为喻，正言小乘果位之极难修致也。故诗云"努力勤心种，多留与后人。新人食甘果，愧荷种花人"。字面上虽与俗语"前人栽树，后人乘凉"相似，而含义则大不相同。俗语所谓"后人"指子孙后辈，"后人乘凉"谓造福后代。而此诗之"后人"及"新人"，皆指未来生，"多留与后人"谓将善因留与来生，仍属自种自得。盖佛教主张转世之说，而欲获小乘果位，当经历累世修行，乃至无数劫之修行，方可修致，故梵志诗有此等语。以此与前引《身强避却罪》（《校辑》二六一首）之"十念得成就，化佛自迎君"对比，大乘净土宗主张不论生前作何恶业，只要临终时口念阿弥陀佛十声，即有化佛来迎，得生西方净土，其修行之难易不啻天渊之别！它们绝非出自一人之手，也是不书自明的。

以上我们仅从王梵志诗中有关佛教的作品举出一些例证，相信对于"王梵志诗"绝非一人所作之论断，应该不再有疑问了。曾经有研究者从王梵志诗中摘取若干诗句，加以串联排比，勾勒出王梵志一生的经历事迹，认为"可以初步揭开这个历来被认为'谜一般的'人物的真面目"，然而结论并不令人信服，其原因就在于把并非一人一时之作的"王梵志诗"，统统误认为王梵志一人的手笔了。尽管王梵志其人仍然是一个尚未完全猜透的谜，但我们既然知道"王梵志诗"是若干无名白话诗人作品的总称，那么实际上就已经摸索到解开这个谜的线索。从王梵志诗的全部内容看来，它们的作者应该主要是一些僧侣和民间的知识分子。

上文提到"王梵志诗"并非一时所作，那么究竟是什么时代的作品呢？历来的研究者论断颇不一致，从7世纪、8世纪乃至晚唐五代都有。这些论断并非全都没有根据，不能说都是错误的，但显然都是不全面的。

王梵志诗既然不是一人之作，那么要探究王梵志诗产生的年代，就不能只和某个名叫王梵志的人联系起来，而是必须分析王梵志诗的内容，加以区别对待。全部王梵志诗可以区分为三个部分：一、敦煌所出上中下（或一二三）三卷本王梵志诗集（《校辑》卷一、卷二、卷三，又卷五也应属于三卷本中的某卷）。二、敦煌所出一卷本王梵志诗（《校辑》卷四）。三、散见的王梵志诗（《校辑》卷六）。下面就分别讨论这三部分王梵志诗的产生年代。

三卷本王梵志诗集是全部王梵志诗中最主要的部分，因为它们数量最多、内容最富有现实性、艺术形式最具特色，因而价值也最高。作为整体看，我认为它们产生于初唐时期，特别是武则天当政的时期，这可以从它们的内容找到若干证据。赵和平、邓文宽《敦煌写本王梵志诗校注》①根据敦煌遗书伯3418号、伯3211号王梵志诗（按皆属于三卷本王梵志诗集）中所反映的中男的年龄、府兵制的情况、"开元通宝"钱的史实，以及唐中央政权与吐蕃间的冲突，认为"这些诗反映的社会历史现象，起于唐初武德四年，止于开元二十六年"。我同意这一分析，并继续从王梵志诗的内容寻找更多的证据。

在上文我们曾经提到《道人头侧方》等一组宗教问题诗，指出作者在肯定三教一体的同时，批判了僧徒的妄自尊大。在释道斗争中，作者的同情显然是在道教一边，这是有其特定历史背景的。唐代开国之初，帝室攀宗李耳，因而先道后佛。武周革命之后，出于政治需要，转而崇佛抑道。《僧史略》卷中《僧道班位》："释氏虽西来客教，自晋、宋、齐、梁、陈、后魏、北齐、后周、大隋，僧班皆在黄冠之上。……唐贞观十一年，驾幸洛阳，道士先有与僧论者，闻之于太宗，乃下诏曰：'……道士女冠可在僧尼之上。'……则天天授二年四月，诏令释教在道门之上，僧尼处道士女冠之前。睿宗景云元年二月，诏以释典玄宗，理均迹异；拯人救俗，教别功齐，自今每缘法事集会，僧、尼、道士、女冠宜行并集（原注：此不分前后，齐行东西也）。"从中可以略见释道地位升降的情况。在唐前期的释道斗争中，只有武则天助佛抑道，佛教明显处于上风。梵志诗之"莫为分别想，师僧自说长"，即是针对这种社会现象而发，其作于武则天时期，当可自明。而这一组宗教问题诗对释道二教微妙的褒贬态度，联系当时释道斗争的

---

① 载《北京大学学报》（哲学社会科学版），1980年6期。

政治背景，亦透露出作者对武周政权的不满倾向。

在敦煌遗书伯3833号王梵志诗（《校辑》收入卷三）中，还有一组法治问题诗，录之于下：

《百姓被欺屈》

（《校辑》一三〇首）

百姓被欺屈，三官须为申，朝朝团坐人，渐渐曲精（当作情）新。断榆翻作柳，判鬼却为人。天子抱冤屈，他扬陌上尘。

《天理为百姓》

（《校辑》一三一首。按原卷作《代天理百姓》）

天理为（代天理）百姓，格戒（当作式）亦须遵。官喜律即喜，官嗔律即嗔。总由官断法，何须法断人，一时截却头（原卷作项）。有理若为申？

《天下恶官职》

（《校辑》一三二首）

天下恶官职，未过于御史（原卷作御史台）。好眉张福眼（当作努眉复张眼），何须弄狮子。傍看甚可畏，自家因求死。脱却面头皮，还共人相似。

这些诗作展现了一幅是非颠倒、冤狱如山、酷吏横行、法律荡然的情景，倘与武则天时期的政局对观，自觉丝丝入扣。《朝野佥载》卷二："监察御史李全交素以罗织酷虐为业，台中号为'人头罗刹'；殿中王旭号为'鬼面夜叉'。讯囚引枷柄向前，名为驴驹拔橛；缚枷头着树，名曰犊子悬车；两手捧枷，累砖于上，号为仙人献果；立高木之上，枷柄向后拗之，名玉女登梯。考柳州典廖福、司门令史张性，并求神狐魅，皆遗唤鹤作凤，证蛇成龙也。"又："监察御史李嵩、李全交，殿中王旭，京师号为'三豹'。嵩为赤𩵋豹，交为白额豹，旭为黑豹。皆狼戾不轨，鸩毒无仪，体性狂疏，精神惨刻。每讯囚，必铺棘卧体，削竹签指，方梁压髁，碎瓦搘膝，遣仙人献果、玉女登梯、犊子悬驹、驴儿拔橛、凤凰晒翅、弥猴钻火、上麦索、下阑单，人不聊生，囚皆乞死。肆情锻炼，证是为非；任意指麾，傅空为实。周公、孔子，请伏杀人；伯夷、叔齐，求其劫罪。讯劾干漟，水必有期；推鞫湿泥，尘非（当作飞）不久。来俊臣乞为弟子，索元礼求作门生。被追者皆相谓曰：'牵牛付虎，未有出期；缚鼠与猫，终无脱日。妻子永别，友朋长辞。'京中人相要，作咒曰'若违心负教，横遭三豹'。其毒害也如此。"所描写的武周时期酷吏横行的暗无天日局面，史书所载极多。文中提及"唤鹤作凤、证蛇成龙""证是为非""傅空为实"，以及"周公、孔子，请伏杀人；伯夷、叔齐，求其劫罪。讯劾干漟，水必有期；推鞫湿泥，尘飞不久"等等，即是梵志诗之"断榆翻作柳，判鬼却为人"。又梵志诗"三官须为申""三官"一语殊费解。道教之天曹仙官虽有"三官"之目，施于此诗殊未合。我认为"三官"即指武则天时期的三司长官。宋赵与时《宾退录》卷七："唐高宗、武后之时，屡兴大狱，多以尚书刑部、御史台、大理寺杂案，谓之三司。其后有大狱，或直命御史中丞、刑部侍郎、大理寺卿充三司使。次又以刑部员外郎、御史、大理寺官为之，以决疑狱。时因有大三司使、小三司使之别，皆事毕罢。"《旧唐书·职官志三》："凡天下之人，有称冤而无告者，与三司讯之。"又："凡三司理事，则与给事、中书舍人、更直直于朝堂受表。若三司所按非其长官，则与刑部郎中员外、大理司直评事往讯之。"《新唐书·刑法志》："自永徽以后，武氏已得志，而刑滥矣。当时大狱，以尚书刑部、御史台、大理寺杂按，谓之三司。而法吏以惨酷为能，至不释枷而笞棰以死者，皆不禁。"又《百官志三》："凡冤而无告者，三司诘之。三司，谓御史大夫、中书、门下也。"以上记载的三司长官，其职责正与梵志诗的"三官"相当。三司理案的实例，如《大唐新语》卷四《持法》所记："则天朝，奴婢多通外人，辄罗告其主，以求官赏。润州刺史宝孝谌妻庞氏，为其奴告夜醮，敕侍御史薛季旭推之。季旭言其咒咀，草状以闻，先于玉阶涕泣不自胜，曰'庞氏事状，臣子所不忍言'。则天纳之，迁季旭给事中。庞弃市，将就刑，庞男希珹诉冤于侍御史徐有功，有功览状曰'正当枉状'。停决以闻。三司对按，季旭益周密其状。秋官及司刑两曹既宣覆而自惧，众迫有功，有功不获申，遂处绞刑。"梵志诗《百姓被欺屈》言三官职责本应为百姓伸冤，而实际上却千方百计陷百姓于冤，这正是武则天时期的严酷现实。诗云"天子抱冤屈"，盖为武则天回护之语。《资治通鉴》唐则天后永昌元年："右卫胄曹参军陈子昂上疏，以为'周颂成康，汉称文景，皆以能措刑故也。今陛下之政，虽尽善矣，然太平之朝，上下乐化，不宜有乱臣贼子，日犯天诛。比者大狱增多，逆徒滋广，愚臣顽昧，初谓皆实。乃去月十五日，陛下特察系囚李珍等无罪，百僚庆悦，皆贺圣明，臣乃知亦有无罪之人挂于疏网者。陛下务在宽典，狱官务在急刑，以伤陛下之仁，以诬太平之政，臣窃恨之'。"疏中"以伤陛下之仁，以诬太平之政"等语，即是梵志诗之"天子抱冤屈"也。总之，梵志这一组法治问题诗，批判了武周时期的黑暗政治，和上文提到的一组宗教问题诗,政治倾向是一致的。它们都创作于武则天时期,应该是没有疑问的。

在《校辑》卷三还收入《本巡连索人》一首(《校辑》一二六首):

> 本巡连索人,樽主告平人。当不怪来晚,覆盏可连精。门前夜狐哭,屋上鸱枭鸣。一种声响音,何如刮钵声。

此诗是王梵志诗中最难索解者之一,我认为是描写饮酒行令之事。不知名的王梵志诗集编者,往往是把同类题材的作品编在一起,此诗和上首《不知愁大小》为一组,同写饮酒之趣。前两句"索人""平人"不可解,"人"皆应是重复记号"ㄑ"(敦煌卷子重复记号常作如此书),校辑者误录作"人",因而这两句应作"本巡连索索,樽主告平平"。唐李肇《国史补》卷下:"古之饮酒,有杯盘狼藉、扬觯绝缨之说,甚则甚矣,然未有言其法者。国朝麟德中,壁州刺史邓宏庆始创'平索看精'四字令,至李稍云而大备,自上及下,以为宜然。大抵有律令,有头盘,有抛打,盖工于举场,而盛于使幕。衣冠有男女杂履舄者,长幼同灯烛者,外府则立将校而坐妇人,其弊如此。"《宋朝事实类苑》卷六一引《赞宁要言》:"东汉贾景伯著《酒令》九篇,始形载籍,然终寻未见。唐高宗朝,邓弘庆饮酒,以'平索看精'为令始也。"故知本首之"索索""平平",即四字酒令之语,而第四句之"精"字,亦在四字之中,似非妄下者。宋窦苹《酒谱·酒令》:"《国史补》称郑弘庆始创'平素看精'四字令,未详其法。"盖其法至宋代已失传,故今日不能言其详也。刘禹锡《刘宾客文集》卷十四《夔州论利害表》:"至龙朔中,壁州刺史邓弘庆进平索看精四字堪为酒令,高宗嘉之,亦行其言,迁弘庆为朗州刺史。"谓四字酒令创于"龙朔中",与上引《国史补》谓创于"麟德中"不同,但龙朔与麟德皆为唐高宗年号,正与《赞宁要言》所云"唐高宗朝"相合。龙朔和麟德共五年(公元661年—665年),因此,梵志《本巡常索索》诗创作的时间上限,必然在这以后,是毫无问题的。那么,它的时间下限在什么时候呢?我认为不会晚于开元以后,这是因为,整个三卷本王梵志诗集的创作下限,不会晚于开元以后。

这样说的根据何在呢?这是因为,三卷本王梵志诗集虽然表现的思想十分驳杂甚至矛盾,然而其中却完全找不到禅宗南宗思想的痕迹,这说明它的创作一定是在禅宗南宗广泛流行之前。禅宗六祖慧能于仪凤元年(公元676年)在广州创立南宗,最初还只限于南方一隅。到天宝四载(公元745年),慧能弟子神会北上洛阳荷泽寺,弘扬教法,禅宗南宗遂迅速流布于天下。三卷本王梵志诗集,应该创作在这之前。

另外,许多研究者都曾注意到一个奇怪的事实:散见的王梵志诗(即《校辑》卷六所收作品),竟没有一首与三卷本王梵志诗集中的作品相重复。人们对此有过各种解释,在我看来,这只不过说明了一个事实,即三卷本王梵志诗集是在这些散见作品产生之前就已结集完成的,所以才没有收录这些散见的作品。后者中较早的作品,如《历代法宝记》所载《惠眼近空心》(《校辑》二九四首作《慧心近空心》),此诗为无住禅师所引,表现出禅宗南宗的机趣。无住死于公元774年,三卷本王梵志诗集应该是在这以前若干年结集的。

根据以上分析,我们估计三卷本王梵志诗集中的作品,主要创作在初唐时期，特别是武则天时期。它的编辑成集，大约是在武周晚期，最晚不会在开元以后。那么，其中会不会有唐代以前的作品呢？有的，因为我们已经发现《前死未长别》一首（《校辑》二五六首前半）就是北周释亡名《五盛阴》诗的改作，只变动了少数字句而已。① 既然我们已经在三卷本王梵志诗集中发现了一首释亡名诗的改作，那么，还有别的类似的改写作品的可能性，就是存在的。但我想，这不会改变三卷本王梵志诗集主要产生在初唐时期的论断。

现在我们再来考察一卷本王梵志诗（《校辑》卷四）。其中收入五言四句小诗九十二首，前七十二首是世俗的训世格言，后二十首是佛教的训世格言。形式较为单调与内容较为肤浅，使它与三卷本王梵志诗集显然有别，艺术价值远远不及后者。然而，在敦煌石室发现的一卷本王梵志诗的写本数量却很多，《校辑》所据即有十一种，此外日本宁乐美术馆亦藏有一种，共有十二种之多。我认为这些特点是由它本身的性质决定的。

一卷本王梵志诗实际上是唐代民间的童蒙读本，是待人处世的启蒙教科书，它的内容和另一种唐代民间童蒙读本《太公家教》十分相似，下面我们略举几例对照。

梵志诗："得他一束绢，还他一束罗。"（《校辑》二二四首）
《太公家教》："得人一牛，还人一马。"

梵志诗："见恶须藏掩，知贤为赞扬。"（《校辑》一九一首）
《太公家教》："见人善事，必须赞之；见人恶事，必须掩之。"

梵志诗："尊人相逐出，子莫向前行。"（《校辑》一六二首）
《太公家教》："其父出行，子须从后。"

---

① 见拙文《敦煌文学杂考》中《释亡名与敦煌义学》一则。

梵志诗:"尊人与酒吃,即把莫推辞。"(《校辑》一七八首)《太公家教》:"尊人赐酒,必须拜受。"

如此等等,可以说是互为表里的。《校辑》二一一首:"他贫不得笑,他弱不得欺。太公未遇日,犹自独钓鱼。"此诗见于九种敦煌写本,后两句有八个写本大体皆作"但看人头数,即须受逢迎"。只有一个写本作"太公未遇日,犹自独钓鱼",《校辑》从之,恐不可靠。大约是此卷书手不甚明了原文之意,遂据《太公家教》中"太公未遇,钓鱼渭水"之语加以改写。但既然可以根据《太公家教》之文改写一卷本王梵志诗,亦可见它们在当时人们心目中是彼此很相似的两种读物。宋王明清《玉照新志》(五卷本)卷三:"世传《太公家教》,其言极浅陋鄙俚,然见之唐李习之文集,至以《文中子》为一律。观其中犹引周汉以来事,当是有唐村落间老校书为之。"《续传灯录》卷一二《汝州香山法成禅师》:"恰似三家村里教书郎,末念得一本《太公家教》,便道文章赛过李白、杜甫。"一卷本王梵志诗性质与《太公家教》相似,应该也是出于唐代一位民间知识分子之手,而借用了王梵志的大名,以广流传,这和《太公家教》借用了姜太公的大名一样。他编写这卷格言诗集,有许多首是按照民间礼节的实际需要,从《礼记》等书中取材的。例如《长幼同钦敬》(《校辑》一九五首):

> 长幼同钦敬,称尊莫不遵。但能行礼乐,乡里自称仁。

按《礼记·乐记》:"是故乐在宗庙之中,君臣上下同听之,则莫不和敬;在族长乡里之中,长幼同听之,则莫不和顺;在闺门之内,父子兄弟同听之,则莫不和亲。"梵志此诗显然是就"在族长乡里之中"一段衍发而成者。

还有一些诗作是根据民间谚语编写的,如《恶人相触忤》(《校辑》二○六首):

> 恶人相触忤,被骂必从饶。喻如园中韭,犹如得水浇。

按寒山诗云:"我见被人谩,一似园中韭,日日被刀伤,天生还自有。"敦煌本《下女夫词》:"舍后一蔺韭,刘却还如旧。"盖唐人俗谚如此,以园韭被刘还生,比喻受害者终将复原。梵志此诗就俗谚立意,曾被恶人触忤,虽暂蒙伤害,如园韭被刘;倘能忍让,则终不吃亏,必将如园韭得雨,愈益滋茂也。

还有一些诗作,应是根据民间本已流行的格言小诗改写的。《主人相屈至》(《校辑》一七三首)云:

> 主人相屈至,客莫先入门。若是尊人处,临时自打门。

按《北京晚报》1983年6月14日三版曾刊载短文《唐代瓷壶上的一首诗》云:

> 湖南长沙窑曾出土过一件唐代瓷壶,壶高十八厘米,最大腹径十五厘米。壶腹上的一首五言诗写着:"客人莫直入,直入主人宴(厌)。打门二三下,自有出来人。"这首诗写在壶上,是否有"倒水"的双关语意,颇耐人寻味。但另一方面,又宣传了到人家串门时的礼貌,不可多得。

今玩诗意,双关"倒水"的语意倒看不出来,然而却和上引梵志诗的内容何其相似。这首稚拙的诗(其中还有别字)写在瓷壶上,可见这类格言式的五言四句小诗在唐代民间是广泛流行的。而一卷本王梵志诗的作者正是采用了民间的这种格言小诗的体制,可以看作这类格言小诗的总结性的、集大成的著作。

一卷本王梵志诗与《太公家教》不同之处,还在于它后面有二十首佛教的训世格言。这类佛教格言小诗,大约在唐代也是颇为流行的。《闻钟身须侧》(《校辑》二四三首)云:

闻钟身须侧,卧转莫经(常作缠)眠。万一无常去,免至狱门边。

按敦煌遗书斯381号载闻钟诗:

闻钟卧不起,护法善神嗔。现世薄福德,来世受蛇身。

不难看出,二者在取材、格调上都是相似的。

一卷本王梵志诗由于缺乏对社会现实的具体的、有特色的描写,因而难以从其内容考订它的产生年代。不过拿它和《太公家教》比较,后者直接采用了很多古语和谚语,在形态上显得更为原始和本色,而一卷本王梵志诗的有些诗作,看来是在《太公家教》的基础上改写而成,因此它的编写成集应该是在《太公家教》之后。《太公家教》序文有"余乃生逢乱代,长值危时"之语,可知作者是经历了安史之乱的,那么《太公家教》的编写,应该是在八世纪的后中期。李翱(公元772年—841年)《答朱载言书》云:"其理往往有是者,而词章不能工者有之矣,刘氏《人物志》、王氏《中说》,俗传《太公家教》是也。"其时《太公家教》已广泛流传于民间矣。一卷本王梵志诗作为童蒙读物,较三卷本王梵志诗集流传更为久远,直到元代还有传本行世。《宋史·艺文志·别集类》载有《王梵志诗集》一卷,排列次序在晚唐五代作家之间,想来并非全无根据。我设想一卷本王梵志诗编写于晚唐时期,应该是可信的。

现在我们再对王梵志诗的第三部分——散见的王梵志诗(《校辑》卷六)略作考察。这些作品的出处比较复杂,包括敦煌遗书以及唐宋诗话、笔记等。上文已经说过,这些散见的王梵志诗没有一首与三卷本王梵志诗集重复,因为它们产生在诗集编定之后,因而不可能被收入诗集。实际上,我认为它们是在从盛唐、中晚唐、五代乃至宋初的很长时期内陆续产生,并附丽于王梵志名下的。在这个时期内,禅宗南宗已经风行于天下,所以散见的王梵志诗中出现了表现禅宗南宗思想的作品,如《惠眼近空心》(《校辑》二九四首)。作为一个特殊的现象,其中还有道教法师讲经时称引的王梵志诗,如《此身如馆舍》(《校辑》二九五首)云:

  此身如馆舍,命似寄宿客。客去馆舍空,知是谁家宅?

此诗见于敦煌遗书伯3876号卷子。此卷文书据我考订,乃是一位道教法师讲经的长篇稿本,讲经的时间大约是在唐玄宗称太上皇的时期(至德元年至上元二年,公元756年—761年)①。诗中表

---

① 见拙文《敦煌遗书中有关王梵志三条材料的校订与解说》。

现的身命分离思想，亦见于三卷本王梵志诗集中的《身如大店家》（《校辑》〇五九首）、《身卧空堂内》（《校辑》〇六〇首）、《身如内架堂》（《校辑》〇六三首）。这种观念本为佛教和道教所共有，因而道教法师讲经时也称引了王梵志《此身如馆舍》诗，不足为怪。

这里有一点要解释，上文推测一卷本王梵志诗产生在晚唐时期，为什么它也没有一首诗和散见的王梵志诗相重复呢？这却另有原因。一卷本王梵志诗本是某位民间知识分子编写的童蒙读本，它和散见的王梵志诗性质不同，因而没有采用后者，本是情理中的事。

散见的王梵志诗中，《城外土馒头》（《校辑》三一六首）、《梵志翻着袜》（《校辑》三一七首），都曾得到北宋著名诗人黄庭坚的赞许，并曾引起了热烈的讨论。这两首诗的尖新诗风，更接近于宋诗的格调，因而受到宋人的偏爱亦不为怪，它们或许就是产生于宋初。

散见的王梵志诗中还有一个现象值得注意，即其中有些作品的著作权似乎成了问题。例如《世无百年人》（《校辑》三〇九首）：

世无百年人，强作千年调。打铁作门限，鬼见拍手笑。

然而释惠洪《林间录》卷下引寒山子诗云："人是黑头虫，刚作千年调。铸铁作门限。鬼见拍手笑。"王楙《野客丛书》卷一九《诗句相近》引李后主诗："人生不满百，刚作千年画。"庄季裕《鸡肋编》引北宋俚语："人作千年调，鬼见拍手笑。"这似乎都可以看作《世无百年人》的变体或缩写,而作者各不相同。又如《天圣广灯录》卷一五《汝州风穴山延昭禅师》引王梵志诗(《校辑》未收):

> 梵志死去来,魂魄见阎老。读尽百王书,不兑(免)被捶拷。一称南无佛,皆以成佛道。

然而《五灯会元》卷一一《风穴延沼禅师》引此诗作寒山诗,胡适《白话文学史》据《风穴语录》亦作寒山诗。又如《施注苏诗》卷二〇《孔毅父以诗戒饮酒问买田且乞墨竹次其韵》注引《鉴戒录》:"王梵夫诗云'但存方寸地,留与子孙耕'。""王梵夫"当是"王梵志"草书之误。但这两句诗《说郛》(宛委山堂本)卷二三俞文豹《唾玉集》引作贺知章诗,《诗话总龟前集》卷一九引《王直方诗话》作贺水部诗,《集注分类东坡先生诗》卷一八引师注作冯瀛王(道)诗,《鹤林玉露》卷六则引作俗语。主名如此错综复杂,是散见的王梵志诗才有的现象。而《祖堂集》卷三所载懒瓒和尚《乐道歌》(亦载《景德传灯录》卷三〇),则曾被误作王梵志诗,载于《校辑》卷六(三一九至三二九首)。

那么,这些散见的王梵志诗,是否真的是王梵志诗呢?我认为,除了已经确知作者主名者(如懒瓒和尚《乐道歌》)之外,它们是可以被看作王梵志诗的一部分的。因为我们在上文已经说明,三卷本王梵志诗集本来就不是一人之作,而是若干无名白话诗人作品的结集;一卷本王梵志诗亦是某位民间知识分子所编写,借用了王梵志的大名。大约"王梵志"已经成为白话诗人的崇高代表,因此无名白话诗人的作品便纷纷归之于他的名下。在三卷本王梵志诗集编定之后,这一趋势并未停止,所以从盛唐直到宋初,还不断有新的"王梵志诗"产生，其中有些是作者有意为之，有些是他人代为嫁名的。这些较晚地附会于王梵志名下的无名作者的白话诗，应该是有同样的权利被称为"王梵志诗"的。

这样看来，所谓"王梵志诗"实际上包括了从初唐（以及更早）直到宋初的很长时期里，许多无名白话诗人的作品。不过其中数量最多、时代最早、内容最深刻、形式最多样，因而价值最高、最能代表"王梵志诗"的特点和成就的，仍然是三卷本王梵志诗集。因而我们所讨论的王梵志诗，主要也是指三卷本诗集。在这个意义上，我们将"王梵志诗"划入初唐文学的范围，粗略地（而不是精确地）说，也是可以的。

既然三卷本王梵志诗集是王梵志诗的核心部分，下面我们就以它为根据，对王梵志诗的思想和艺术特点略作分析。

展开王梵志诗卷，令人耳目一新。虽然王梵志常常被说成佛教诗人，可是王梵志诗的精华恰恰是那些世俗作品。这些诗作在反映现实上取得了很大成功，这是由于它们具有若干新的特点。

王梵志诗表现出反映现实的强烈的自觉意识和批判精神。传统的儒家文学理论主张"美刺"，王梵志诗正是贯彻了这种精神的。可是传统的儒家文学理论又总是用"温柔敦厚"的诗教来包裹和软化斗争的锋芒，而王梵志诗不但捕捉了广泛的社会矛盾，而且总是直截了当地把事实揭示出来，一语道破问题的实质。王梵志诗中也有赞美之作，如《仕人作官职》（《校辑》二七三首）赞扬清官，《你若是好儿》（《校辑》〇四二首）赞扬孝子。可是在那个社会里，值得赞美的现实毕竟不多，所以王梵志诗的批判色彩便特别强烈。他抨击上流社会的买卖婚姻说："各各服（当作贩）父祖，家家卖子孙。"（《校辑》一二〇首）完全揭去了笼罩在婚姻关系上的那层温情脉脉的面纱。他揭露暗无天日的政治说：

"断榆翻作柳，判鬼却为人。"(《校辑》一二七首)这完全是一个是非颠倒、冤狱如山的世界。又说："官喜律即喜，官嗔律即嗔。"(《校辑》一二八首)法律只不过是当权者随意摆布的工具。王梵志诗揭露的统治阶级的种种腐败情况，都是有史可证的，堪称"实录"。

不过王梵志诗所展示的生活图景，主要不是那个社会的上层，而是那个社会的下层。在杜甫以前，文人诗歌是极少触及劳动人民生活的，而初唐时期的文人诗歌可以说是完全没有触及。产生在这个时期的王梵志诗，不但第一次集中地、大量地表现了社会下层的生活图景，而且它观察生活的角度也和后来关心民瘼的进步文人不同。后者通常是自上而下地俯视劳动人民的生活，并给予深厚的同情。王梵志诗则是从社会底层的内部观察人民的生活，并作为人民的一员唱出了自己的痛苦，因此它比文人诗歌更真实、更具体、更深刻。例如《贫穷田舍汉》(《校辑》二七〇首)：

> 贫穷田舍汉，庵子极孤悽。两穷前生种，今世作夫妻。妇即客舂捣，夫即客扶犁。黄昏到家里，无米复无柴。男女空饿肚，状似一食斋。里正追庸调，村头共相催。幞头巾子露，衫破肚皮开。体上无裈裤，足下复无鞋。丑妇来怒(原卷作恶)骂，啾唧搦头灰。里正被脚蹴，村头被拳搓。驱将见明府，打脊趁回来。租调无处出，还须里正陪。门前见债主，入户见贫妻。舍漏儿啼哭，重重逢苦灾。如此硬穷汉，村村一两枚。

诗中正面描写了一对贫农夫妇的苦情。他们被租调逼得走投无路，终于拳搓村头，脚蹴里正，用自己的方式进行了反抗。在这徒劳的反抗后面,不难看到他们陷入了何等绝望的境地。作者的笔触,多少有点写意式的夸张。这种"硬穷汉"的形象,是无法在文人诗歌中找到的。

正因为王梵志诗是从社会下层的内部观察生活,所以它照亮了社会下层的许多"死角"——那些被文人诗歌所遗忘的角落。例如关于工匠的生活,我们只记得李白《秋浦歌》其十四写过:

炉火照天地,红星乱紫烟。赧郎明月夜,歌曲动寒川。

这是映在熊熊炉火背景上的一幅工匠的剪影,是浪漫主义的歌唱,而不是现实主义的描绘。可是王梵志诗《工匠莫学巧》(《校辑》析为○五五首《工匠莫学巧》、○五六首《奴人赐酒食》,今并为一首)云:

工匠莫学巧,巧即他人使。身是自来奴,妻亦作人婢。夫婿暂时无,曳将仍被耻。未作道与钱,作了擘眼你。奴(当作好)人赐酒食,恩言出义(原卷作美)气。无赖不与钱,蛆心打脊使。贫穷实可怜,饥寒肚露地。户役一概差,不办棒下死。宁可出头坐,谁肯被鞭耻。何为抛宅走,良由不得已(原卷作止)。

这里以现实主义手法叙述了唐代工匠遭受超经济剥削与人身侮辱的情况,这对工匠夫妇终于抛宅弃家,流亡他乡。又如《天下浮逃人》(《校辑》二七八首):

> 天下浮逃人，不啻多一半。南北踯纵横（原卷作掷踪藏），诳他暂归贯。游游自觅活，不愁应户役。无心念二亲，有意随恶伴。强处出头来，不须曹主唤。闻苦即深藏，寻常拟于（当作相）算。欲似鸟作群，惊即当头散。心毒无忠孝，不过浮浪汉。此是五逆贼，打煞何须案。

这首诗反映了唐代前期的一个严重的社会问题，即农村户口大量脱离户籍而逃亡，我们在敦煌所出的通俗文学作品《燕子赋》（两种）中，曾看到侧面的反映。此外《佛祖统纪》卷三九载有《开元括地变文》篇名，应该也是反映这一社会问题，其文已经失传。王梵志的作品可以用来以诗证史，而在文人诗歌中却找不到对此的正面描写。

王梵志诗所反映的历史真实，不仅是社会的真实，而且是心灵的真实。他不仅描写了人世间种种困苦的生活图景，而且展示了人们的内心世界，使我们看到那个社会的人们，特别是生活在社会下层的人们，他们的思想和情绪，其中有崇高的，也有卑琐的。王梵志诗的讽刺对象，从统治阶级的腐败，扩展到人们的种种心理痼疾，同时也袒示了作者自己的某些心理病态。《吾家昔富有》（《校辑》二九一首）云：

> 吾家昔富有，你身穷欲死。你今初有钱，与吾昔相似。吾今乍无物（原卷作初），还同昔日你。可惜好靴牙，翻作破袜（原卷作皮）底。

作者似乎是在讽刺一个暴发户的洋洋得意，实际上却表白了自己的破落户心理。这使我想起了鲁迅笔下阿Q的一句名言:"我们先前——比你阔得多啦!你算是什么东西!"作为一种心理病态的阿Q精神,是有着久远的历史根源的。总之,王梵志诗展现了它所描写的人们的精神世界,也展现了作者自己的精神世界,由这两重精神世界构成了它所反映的那个世界的心态现实。没有任何别的作品能像王梵志诗那样,帮助我们深刻而真实地感受到那个社会,特别是那个社会下层的心理气氛和思想脉搏了。

王梵志诗的许多作品打上了佛教的印记,如像对地狱的恐惧和对天堂的向往等等,作为一种应该批判的消极因素,是不言而喻的。佛教的世界观还造成了王梵志诗对于人生的一种独特的态度。《遥看世间人》(《校辑》〇〇一首)说:

> 遥看世间人,村坊安社邑。一家有死生,合村相就泣。张口骂他尸,不知身去急。本是长眠鬼,暂来地上立。欲似养儿毡,回干且就湿。前死深埋却,后死续即入。

诗中的"社邑",是唐代民间的一种互助性组织,亦称"义邑"等,敦煌遗书伯3730号《某甲等谨立社条》:"凡为义邑,先须逐吉追凶。诸家若丧亡,便须匍匐成礼。"所以这首诗说"一家有死生,合村相就泣",发抒了在社邑进行丧事活动时的感想。周一良先生指出《校辑》注释不确时说:

> 第〇〇一首"欲似养儿毡,回干且就湿",注云"回干就湿,比喻去生就死",下文并引敦煌写本《父母恩重经讲经文》"回干就湿者,经道干处儿卧,湿处母眠"。

案：这篇讲经文中多处出现回干就湿字样，如"每将干暖交（同教）儿卧，湿处寻常母自眠"等。联系上文诗句"本是长眠鬼，暂来地上立"，梵志这里说的"干"，是指长眠所在的地下；"湿"则指暂时生活的地上亦即人间。诗人的意思，生活在世间反而是苦恼，所以借用母亲宁愿睡在毡上湿冷地方为比喻。重点在对比干湿和母亲之弃干就湿，与母亲的就湿原因在于爱惜孩子无关。注文以为干指生，湿指死，恰恰与诗人原意相反。这首诗的首句"遥看世间人"，就暗示叹人生苦恼的味道。梵志诗中不少地方表示这种生不如死的思想，如第〇〇五首头一句"可笑世间人"，末两句"生时有痛苦，不如早死好"。第二四九首首句"生在常烦恼"，又"寄语冥路到，还我未生时"。第二六四首更明白地说："你道生胜死，我道死胜生。"皆足为佐证。有完整序文的两个残卷，卷首皆是"遥见世间人"这首隐约哀叹生不如死的诗，从最初编辑王梵志诗的人看来，也许多少有点总领全书的意味吧？如果干湿句中颠倒生死，理解就不确切了①。

这是可信的。确实，在我们看来，王梵志诗把生和死，把人间世界和"彼岸"世界弄颠倒了。所以在他的诗中反复表现了对生的厌倦和对死的渴望，对人世的鄙弃和对天堂的追求。这并不奇怪，马克思说过："国家、社会产生了宗教即颠倒了的世界观，因为它

---

① 见周一良《王梵志诗的几条补注》，载《北京大学学报》（哲学社会科学版），1984年4期。

们本身就是颠倒了的世界。"① 正是那个颠倒了的世界，造成了王梵志诗的颠倒了的世界观。《可笑世间人》（《校辑》○○五首）后半说：

> 忽起相罗拽，啾唧索租调。贫苦无处得，相接被鞭拷。生时有苦痛，不如早死好。

是人世间的剥削和压榨，造成了王梵志诗乐死厌生的反常心理。《相将归去来》（《校辑》二六五首）云：

> 相将归去来，阎浮不可停。妇人应重役，男子从征行。带刀拟开煞，逢阵即相刑。将军马上死，兵灭地君（疑当作他军）营。血流遍荒野，白骨在边庭。去马游（当作犹）残迹，空留纸上名。关山千万里，影绝故乡城。生受刀光苦，意里极惶惶。

"归去来"，这里是指归去佛国净土，如《敦煌曲校录》载释法照《归西方赞》："归去来，谁能恶道受轮回。且共念彼弥陀佛，往生极乐坐花台。"又："归去来，娑婆秽境不堪停。"敦煌本《大目乾连冥间救母变文》："归去来，阎浮提世界不堪停。生住（按此字衍）死本来无住处，西方仫（佛）国最为精。"梵志此诗劈头就呼唤人们抛弃秽浊的尘世（阎浮），而归往死的彼岸。接着回顾性地描绘了人间的战争给人们带来的灾难，最后总结说"生受刀光苦，意里极惶惶"。"惶惶"原卷作"皇皇"，其实是"星星"之误，

---

① 马克思《＜黑格尔法哲学批判＞导言》，《马克思恩格斯选集》第一卷，第1页。

通作"惺惺",清静虚寂之义。这两句是以对比作结,与开头两句相呼应。"生受刀光苦"是回顾活在人间之时,饱尝了战争的苦难;"意里极惺惺"是说归去佛国(亦即死)之后,灵魂得到了宁静的解脱。这种对于生和死、人间世界和彼岸世界的颠倒观念,显示了宗教世界观的荒谬。然而在这种对世界的荒谬颠倒之中,不是恰恰折射出那个颠倒的世界的某种深刻的真实,表达了那个社会下层人民的苦涩的心境和渺茫的憧憬吗?这就是王梵志诗中那些打上佛教印记的作品,仍然具有一定社会意义和认识价值的原因。

王梵志诗具有鲜明的民族风格,尽管它和传统的文人诗歌是那样的不同。

中国是诗的国度。不同风格、不同流派的文人诗歌,百花争艳,精彩纷呈。然而在不同层次上的千差万别,并没有泯灭它们作为整体的基本特色。以盛唐诗歌为代表的中国文人诗歌,形成了举世无双的高雅的艺术传统。它弥漫着浓郁感人的抒情气氛,充满了优美如画的景色描写,并且善于将这二者融合渗透,形成蕴藉含蓄、余味无穷的艺术境界——意境。它体现了历史形成的我们民族的审美趣味。

然而,王梵志诗呈现的完全是另一种面貌。它不以抒情见长,也不流连风景,压根儿就没有打算去创造什么"意境"。它主要是用白描、叙述和议论的方法去再现生活、评价生活。这就形成了王梵志诗的质朴和明快的特点。

文人诗歌的长处,突出了王梵志诗的弱点;文人诗歌的弱点,又突出了王梵志诗的长处。它们之间的强烈反差,造成了一种对比和互补的关系。王梵志诗正好是在文人诗歌最薄弱的环节,取得了令人瞩目的艺术成就。它好像是出色的肖像画家,非常善于描摹生活中各类人物的形象,并且常常用对比或对照的方法构成组诗,以突现主题。他笔下的道士、道姑、和尚和尼姑,佐史和乡头,懒汉和懒妇,商人和工匠,各色泼妇,府兵和御史,土豪和贫农,清官和贪官,不孝子和浮逃人……都给人留下了深刻的印象,有的还具有典型的意义。试看他以漫画式的笔触勾勒出的懒汉和懒妇吧。

《世间慵懒人》

(《校辑》析为〇三七首《世间慵懒人》与〇三八首《朝廷数十人》,今并为一首)

世间慵懒人,五分向有二。例着一草衫,两膊成山字。出语嘴头高,诈作达官子。草舍元无床,无毡复无被。他家人定卧,日西展脚睡。诸人五更走,日高未肯起。朝廷数十人,平章共博戏。菜粥吃一椀,街头阔立地。逢人若共语,谎(原卷作荒)说天下事。唤女作家生,将儿作奴使。妻即赤体行,寻常饥欲死。一群病懒(当作癞)贼,却搦父母耻。日月甚宽恩,不照五逆鬼。

《家中渐渐贫》

(《校辑》〇三九首)

家中渐渐贫,良由慵懒妇。长头爱床坐,饱吃没娑肚。频年勤生儿,不肯收家具。饮酒五夫敌,不解缝衫裤。事当好衣裳,得便走出去。不要男为伴,心里恒攀慕。东家能捏舌,西家好合斗。两家既不和,角眼相妞狖(当作伹妒)。别觅好时(当作室)对,趁却莫教住。

在这两个懒汉与懒婆娘身上，可谓集中了一切懒汉与懒婆娘恶习之大成。他们是王梵志时代活生生的人物，可是，谁能说他们仅仅是王梵志时代特有的人物，而没有一直传宗接代延续到今天呢？总之，王梵志笔下形形色色的人物，组合成那个社会人情世态的缤纷画面，这是我们在文人诗歌中绝难看到的。

至于王梵志诗运用俗语的典范性成就，开创了唐代白话诗派，下启寒山、拾得等的诗歌创作；王梵志诗的机智幽默的理趣，在宋代诗歌中更加得到继承和发扬，这些都是容易理解的，无须多加阐释。当然，王梵志诗粗糙和稚拙的一面也是一目了然的。

王梵志诗与我国文人诗歌的面貌如此不同，然而它们各自又都具有鲜明的民族风格。这种看来似乎矛盾的现象，并非不可解释，正如以线条刻画人物的我国民间年画与文人水墨写意画是那样地不同，然而它们又同样具有鲜明的民族风格一样。在黄河流域形成的我国古代文化，特别是儒家文化，本来就具有质朴明快的特点，它们注重的是社会人际关系，带有明显的为政教服务的功利主义观念。与此不同，道家的学说则带有较多南方文化的色彩（老子和庄子都是楚国人），呈现出与中原文化相异的特点。魏晋以后，老庄哲学渗入了士大夫阶级的意识形态，经过了复杂的发酵作用，才逐渐形成了文人诗和文人画的情景交融的艺术传统，这种传统也就是通常所理解的中国诗与中国画的民族风格。然而中原文化所固有的质朴与明快等特点，并没有就此消泯，它仍旧深深地扎根在我们民族的思想和意识中，通过各种方式，自然也通过民间艺术不断地表现出来，王梵志诗正是这种表现之一。因此，王梵志诗与文人诗歌显然不同的艺术风貌，同样是我们民族心理素质的深刻反映，因而同样地具有鲜明的民族风格。因此，研究王梵志诗的艺术经验，对于我们创造为人民大众喜闻乐见的新文化，是有着重要的借鉴意义的。

作者补记

今年6月下旬，我在参加香港国际敦煌吐鲁番学术会议期间，承蒙潘重规先生惠赠今年新出版的《敦煌学》第十二辑，其中载有陈庆浩先生《法忍抄本残卷王梵志诗初校》和朱凤玉先生《敦煌写卷S4277号残卷校释》两篇重要文章。陈文根据"友人"抄本，首次公布了列宁格勒藏1456号王梵志诗残卷。该卷存诗四十余首，尾端题记云"大历六年五月□□日抄王梵志诗一百一十首，沙门法忍写之记"，被研究者认为是现存抄写年代最早的王梵志诗卷，其中有"王梵志回波乐"的著名标目。朱文则首次将斯4277号残卷与上述法忍抄本王梵志诗残卷拼合，从而确凿地证明了斯4277号残卷所存二十余首白话诗也是王梵志诗。这样一来，人们所知见的王梵志诗，一下子增加了六十余首！这个原有一百一十首的王梵志诗卷，应该是和三卷本王梵志诗集不同的另一种王梵志诗集。从内容看，它基本上是一部佛教诗集，三卷王梵志诗集中浓重的现实色彩，被淡化到几乎看不见踪迹了。其中有许多作品，明显地打上了禅宗南宗的印记。我们不妨认为，这个抄于大历六年（公元771年）的王梵志诗卷，其主要部分是盛唐时期的作品。

我在捧读陈庆浩先生大文时，特别留意于其中的"王梵志回波乐"一首，心头总是萦绕着似曾相识的感觉。几经涵泳玩索，终于恍然大悟：原来著名的"王梵志回波乐"，其实是南朝著名"神僧"宝志和尚（活动在宋齐梁时期）的《大乘赞十首》之九的删改之作。现在把它们并引于下,以供对照。

王梵志《回波乐》

(陈文编号第七五首)

回波来(楚按:当作尔)时大贼,不如持心断惑。纵使诵经千卷,眼里见经不识。不解佛法大意,徒劳排文数黑。头陁兰若精进,希望后世功德。持心即是大患,圣道何由可克。若悟生死之梦,一切求心皆息。

《景德传灯录》

(《四部丛刊本》卷二九梁宝志和尚《大乘赞十首》之九)

声闻心心断惑,能断之心是贼。贼贼递相除遗,何时了本语默。口内诵经千卷,体上问经不识。不解佛法圆通,徒劳寻行数黑。头陁阿练苦行,希望后身功德。希望即是隔圣,大道何由可得。譬如梦里度河,船师度过河北。忽觉床上安眠,失却度船轨则。船师及彼度人,两个本("本"字原脱,据《大正藏》本补)不相识。众生迷倒羁绊,往来三界疲极。忽悟生死如梦,一切求心自息。

二者不同之处在于:一、王梵志《回波乐》将《大乘赞》前四句改为"回波尔时大贼"等两句,其目的大概是为了嵌入"回波尔时"的字面,使之成为一首《回波乐》。二、王梵志《回波乐》删去了《大乘赞》后半"梦里度河"一段八句,其原因可能是屈从《回波乐》篇幅的限制,不过现存的王梵志《回波乐》共十二句,仍然大大超出已知的《回波乐》六言四句定格之数。除了以上两点,二者的字句大体相同。显然,王梵志《回波乐》是删改《大乘赞》第九首而成的。

接着我又发现梵志诗"法性本来常存"一首,几乎就是照抄《大乘赞十首》的第三首。现在也把它们并引于下,以供对照。

梵志诗

(陈文编号第八一首)

　　法性本来常存,茫茫无有边畔。安身取舍之中,被他二境回换。敛念定想坐禅,摄意安心觉观。木人机关修道,何时可到彼岸?忽悟诸法体空,欲似热病得汗。无智人前莫说,打破君头万段。

《大乘赞十首》之三

　　法性本来常寂,荡荡无有边畔。安心取舍之间,被他二境回换。敛容入定坐禅,摄境安身觉观。机关木人修道,何时得达彼岸?诸法本空无著,境似浮云会散。忽悟本性元空,恰似热病得汗。无智人前莫说,打你色身星散。

此外在梵志诗"你今意况大聪"一首(陈文编号第一〇五首)中有两句:"迷人已(以)南作北,又亦不辩(辨)西东。"而《景德传灯录》卷二九志公和尚《十四科头·迷悟不二》中也有两句:"愚人唤作南北,智者达无西东。"它们之间的相似,恐怕也不是纯出偶然。我在《王梵志诗论》中说过这样的话:"既然我们已经在三卷本王梵志诗集中发现了一首释亡名诗的改作，那么，还有别的类似的改写作品的可能性，就是不能排除的。"这个推测，不料这么快便得到了证实！关于宝志作品的真伪问题，还值得进一步加以讨论。不过以上这些发现，已经使我们的研究对象"王梵志诗"变得更加复杂化了。同时也使我更加确信：全部"王梵志诗"，绝非一人一时之作，而是在一个相当长的时期内，许多无名白话诗人作品的总和。由于拙文《王梵志诗论》已经发排，不便再加改动，故将以上简况补记于此，详细意见留待另文阐述。

1987 年 9 月 15 日

（原载《文史》第 31 辑）

《王梵志诗校辑》匡补

敦煌石室所出王梵志诗写本若干种，早就引起海内外敦煌学家的极大兴趣与高度重视，可惜一直没有一个完整的辑本。张锡厚著《王梵志诗校辑》（中华书局出版），依据二十八种敦煌写本，以及散见于唐宋诗话、笔记中的梵志佚诗，经过点校、考释，并酌加注释，编为王梵志诗全集，诚有功于敦煌学研究。笔者盥手拜读，钦佩之余，亦有管见，随手札记，遽尔成帙。这里抄录其中若干则，或于梵志诗之整理研究，不无微末之助。

敦煌写本王梵志诗集原序

撰修劝善，诫罪非违。

《王梵志诗校辑》校记（下称"校记"）：诫罪非违，原作"诫勋非达"，据大正藏本改。

楚按：校"达"为"违"，是。原文"勋"字不误，"诫勋"复词偏义，意义重点在"诫"。《无常经讲经文》："当情道着莫生嫌，辟（癖）病说时徒戒助。"（《敦煌变文集》，664页。下称

《变文集》）徐震堮校"助"为"勖",是。"戒勖"同"诫勖",也是复词偏义,意义重点在"戒"。《法苑珠林》卷一二《地狱部之余》,正有"诫勖"一目,内容则以地狱恶报教诫世人,当修善业,不得造恶也。

非但智士回意,实易愚夫改容。

楚按:"易"疑当作"乃","非但"与"实乃"虚字呼应为文。盖因"易"字草书作"㐆",与"乃"形似,二字遂易相混耳。

一遍略寻三思,无忘纵使大德。讲说不及,读此善文。

楚按:断句误,应为"一遍略寻,三思无忘。纵使大德讲说,不及读此善文"。"大德"谓高僧,"善文"即指梵志诗也。

身如圈里羊(〇〇四)

脱衣赤体立,则役不如羊。

校记:则役,甲三本作"刑役"。这句谓赤体从役不如羊,因羊身有皮毛。

楚按:"则役"当作"形段"。甲三本"刑"为"形"的音讹,原本"则"又为"刑"的形讹。一四九首"法律刑名重","刑名"原作"形名",即"刑""形"同音混用之例。丙本"役"字为"段"字形讹。"形段"为形状之义。《后汉书·马援传》"御款段马",李贤注:"款犹缓也,言形段迟缓也。"《太平广记》(以下称《广记》)卷一七二《李德裕》(出《桂苑丛谈》),记众僧诬告前主事僧隐用常住金若干两，德裕"命取黄泥，各令摸前后交付下次金样，以凭证据。僧既不知形段，竟摸不成"。《圆悟佛果禅师语录》卷五："本来无形段，那复有唇嘴。"《古尊宿语录》卷三三《舒州龙门佛眼和尚普说语录》："且事有形段，理无相状。"《镇州临济慧照禅师语录》："佛法幽玄，解得可可地，山僧竟日与他说破，学者总不在意，千遍万遍，脚底踏过，黑没焌地，无一个形段，历历孤明，学入信不过，便向名句上生解。"其中"无一个形段"一句，是说佛法没有一个具体的形状。若梵志诗，则谓人着好衣裳，胜过羊之披毛走；倘若脱衣赤体，则形状反不如羊之披毛也。

大有愚痴君（〇〇七）

司命门前唤，不容别邻里。

校记：司命，原作"伺命"，据文义改。《楚辞·九歌·大司命》注云："司命，主知生死，辅天行化，诛恶护善也。"《风俗通义·祀典》称民间所祀小神有司命。

楚按：原文"伺"字不误。"伺命"与"司命"执掌有不同，"司命"主宰人世生死寿命，地位较"伺命"为高。《礼记·祭法》："王为群姓立七祀曰司命。"郑氏注："司命主督察三命。"《庄子·至乐》："吾使司命复生子形，为子骨肉肌肤，反子父母妻子闾里知识，子欲之乎？"《搜神记》卷一五："汉献帝建安中，南阳贾偶，字文合，得病而亡。时有吏将诣太山，司命阅簿，谓吏曰：'当召某郡文合，何以召此人？可速遣之。'"《广记》卷三八〇《郑洁》（出《博异记》）："遂召司命，须臾，一主者抱案来。"

校记所引《九歌》注亦其例也。若"伺命"则是冥司中奉命勾取人命的鬼卒，如句道兴《搜神记》："夜中梦见伺命鬼来取，将信向阎罗王前过。"（《变文集》，879页）《法苑珠林》卷七八引《冥报拾遗》："因被冥道使为伺命，每被使即死，经一二日，事了以后，还复如故。前后取人亦众矣。"《佛说无常经》："死王催伺命，亲属徒相守。"足见"司命"与"伺命"的区别是显然的。"伺命"偶有写作"司命"者，如《全唐诗》卷八六九崔泰之《哭李峤》："魂随司命鬼，魄逐见阎王。"则字或相通也。梵志诗中的若干处"伺命"，本来都很正确，《校辑》一律改作"司命"，如二七八首"阎老忽嗔迟，即棒司命使"。校记"司命，原作伺命，据文义改"，则转增混乱矣。

有钱不解用，空手入都市。

校记：都市，指酆都，传说为冥司所在地。范成大《吴船录》卷下："道家以冥狱为酆都宫。"

楚按："都市"为交易市场。《汉书·食货志》："而商贾大者积贮倍息，小者坐列贩卖，操其奇赢，日游都市，乘上之急，所卖必倍。"《孝子传》："腴（瞍）拟（疑）是舜，令妻引手，遂往市都。"（《变文集》，902页）"市都"即"都市"之倒文。《论衡·量知》："手中无钱之市，使货主问曰：'钱何在？'对曰：'无钱。'货主必不与也。"梵志此诗"空手入都市"是比喻性说法，形容人死之后，有钱不能用，亦如"手中无钱之市"，毕竟一场空也。

平生歌舞处（〇一二）

楚按：此首应并入上首《夫妇相对坐》，续言死后一切供他人享用。

丧车相勾牵，鬼朴还相哭。

校记：鬼朴，即鬼使、鬼魅。王梵志《暂出门前观》诗："前死后人埋，鬼朴悲声送。"《资治通鉴》卷二〇五载，武周时，"自垂拱以来，任用酷吏……每除一官，户婢窃相谓曰'鬼朴又来矣'。不旬月，辄遭掩捕族诛"。

楚按：梵志诗中，"鬼朴"一语数见，余如〇七三首"前死后人埋，鬼朴悲声送"，二七一首"死朴哭真鬼，连夜不知休"。愚意以为"死朴"也应作"鬼朴"。（〇九五首"妻儿啼哭送，鬼朴唱歌迎"。校记云："'鬼朴'，原作'鬼不'，据文义改。"今检原本，实作"鬼子"。"鬼子"即鬼也，并非"鬼朴"之误。）倘以"鬼使、鬼魅"释"鬼朴"，于意未安，参以校记所引《通鉴》例，户婢称新除官为"鬼朴"，其时新除官尚未诛灭，安得径称为"鬼使"或"鬼魅"？故愚意以为"鬼朴"者，指行将化为鬼物之人，或云候补鬼物。唯何以称"朴"，颇难索解，姑进一说如下。《战国策·秦策三》："郑人谓玉未理者璞，周人谓鼠未腊者朴。"是鼠肉未干者称"朴"。以此譬喻行将化为鬼物之行尸走肉，亦犹未腊之朴，不久即将晾干也。称之为"鬼朴"者，寓有挖苦之意。而梵志诗中的"鬼朴"，则指送葬的死者眷属。盖由梵志视之，凡生人皆是候补鬼物，故皆得称为"鬼朴"，这决定于梵志的特定世界观,不一定是"鬼朴"的一般用法。

日理几千般,光影急迅速。

校记:理,原本难辨,据甲四本改。

楚按:今检原本作"理",甲四本作"埋"。作"埋"是。"日埋几千般"谓丧事终日不断也。

借贷不交通(〇二〇)

借贷不交通,有酒深藏窖。

校记:窖,原作"善",出韵,据文义改。

楚按:改作"窖"字,仍未入韵。原文"善"字应是"着"字的形讹,盖因"善"字俗体或作"着",如《无常经讲经文》:"劝门徒,修福着(善),休受(爱)春光堪赏玩。"(《变文集》,660页)"着"与"着"形近,因误作"着",再误作"善"也。《敦煌曲校录·禅门十二时曲》:"无心诵读大□经,执善悭贪坏思意。"任二北校记:"'执善'与下文之意不属,待校。"按"执善"亦应作"执着",其误与梵志此诗正同。此诗"着"字为藏之义,如《搜神后记》卷五《白水素女》:"邻人笑曰:'卿已自取妇,密著室中炊爨,而言吾为之炊耶?'""密著"同"密着",谓密藏也,是知梵志诗之"藏着"为同义连文。《众经撰杂譬喻》卷上:"外国有一人治生,得金银数十斤,意甚重之,欲藏著地中,恐蝼蚁虫鼠而侵盗之;欲藏著草泽中,复恐狐狸野兽取之。"句道兴《搜神记》:"其新妇见此天衣,心怀怆切,泪落如雨,拂模形容,即欲乘空而去;为未得方便,却还分付与阿婆藏著。"(《变文集》，883页）"藏著"同"藏着"，其义与梵志诗相同。

破除不由你，用尽遮他莫。

校记：遮他莫，犹言莫管他。遮莫，唐代口语，犹尽管、尽教。

楚按：俗语"遮莫"不可拆开使用。此处"遮"为阻拦之义，"遮他莫"即"莫遮他"的倒装。

观内有妇人（〇二二）

观内有妇人，号名是女冠。

校记：冠，诸本作"官"，据文义改。

楚按：原文"官"字不误，"女官"即女道士也。《南史·梁武帝纪下》："时海中浮鹄山，去余姚可千余里，上有女人年三百岁，有女官、道士四五百人，年并出百，但在山学道。"《唐律疏议》卷六："道士、女官、僧、尼犯奸盗，于法最重，故虽犯当观寺部曲、奴婢，奸、盗即同凡人。"又卷十二："议曰：'私入道'，谓为道士、女官、僧、尼，非是官度，而私入道，及度之者，各杖一百。"宋孙奭等《律音义·名例第一》"女官"条云："《升玄经》：'女官，如道士也。'流俗以其戴冠，改作'冠'字，非也。"按所引《升玄经》"如道士"，即是女道士，《白虎通·嫁娶》："女者，如也，从如人也。"

各各服梳髻，悉带芙蓉冠。

校记：髻，原本残佚，据文义改。

楚按:"服梳髻"欠通,今检乙二本作"能梳畋","畋"盖"略"之讹,通作"掠",此句作"各各能梳掠"。"梳掠"本义为梳理,如白居易《嗟发落》:"既不劳洗沐,又不烦梳掠。"引申而为梳妆之义,如宋刘斧《青琐高议》别集卷三《越娘记》:"视衣服鲜明,梳掠艳丽,愈于昔时。"又卷五《骨偶记》:"家人为梳掠,既妆成,又求新衣,偃卧乃死。"洪迈《夷坚志补》卷十六《卖鱼吴翁》:"此老数日前却抱得十岁一个女儿来,央我与他梳掠。"梵志诗之"梳掠",即梳妆之义也。《玉台新咏》卷十刘孝威《和定襄侯八绝初笄》:"合鬟仍昔发,略鬓即前丝。从今一梳罢,无复更萦时。""略"也通作"掠",与梵志诗正同。

道人头兀雷(〇二三)

道人头兀雷,例头肥特肚。

校记:兀雷,疑指道冠突兀貌。肥特肚:民间俗语,似指道士体形肥胖臃肿。

楚按:校记以此首所写为"道士",当系误解。此处"道人"为僧徒之称。早期译经多称僧徒为"道人",如后汉安世高译《佛说骂意经》:"道人莫堕五争:一者争佛,二者争法,三者争戒,四者争经,五者争贤者,道人莫争有是无是也。"吴支谦译《佛说索经抄》:"愿道人留意,我有精舍,近在城外,可于中止。""道人"皆指和尚。《南史·陶弘景传》载弘景遗令:"明器有车马,道人、道士并在门中,道人左、道士右。""道人"与"道士"对举,即指殉葬的僧徒与道士俑像。《弘明集》卷六南齐张融《门论》:"吾见道士与道人战儒墨,道人与道士狱是非。"正谓释道之争。《世说新语·假谲》:"愍度道人始欲过江,与一伧道人为侣,谋曰:'用旧义在江东,恐不办得食。'便共立心无义。"即记叙释教"心无义"创立缘起。《魏书·释老志》:"罢佛法时,师贤假为医术还俗,而守道不改。于修复日,即反沙门。其同辈五人,帝乃亲为下发。师贤仍为道人统。""道人统"即后世之"僧统"。《广记》卷一六一《南郡掾》(出《灵鬼志》):"明旦,便往诣佛图,见诸沙门,问佛为何神,沙门为说事状,便将诸道人归,请读经。"前云"诸沙门",后云"诸道人","道人"即是"沙门"。赵翼《陔余丛考》卷三八《僧称》:"叶石林《避暑录》云'晋宋间佛家初行,其徒犹未有僧称,通曰道人'。按《齐书》云'庄严寺有僧达道人讲座,东昏至蒋山定林寺,一沙门病不能避,去藏草间,帝将杀之,韩晖光曰"老道人可念",是也'。"其实僧徒称"道人",唐宋之后仍未尽废,如《资治通鉴·唐则天后长寿元年》:"(周)矩至台,怀义亦至,乘马就阶而下,坦腹于床。矩吏将按之,遽跃马而去。矩具奏其状,太后曰:'此道人病风,不足诘。'""道人"即指武后宠僧怀义。苏轼《腊日游孤山访惠勤惠思二僧》:"腊日不归对妻孥,名寻道人实自娱。道人之居在何许?宝云山前路盘纡。孤山孤绝谁肯庐?道人有道山不孤。""道人"即指惠勤惠思二僧。梵志此诗之"道人"亦其例也。"道人"之称谓既明,则"兀雷"并非"道冠突兀貌",亦灼然矣。梵志诗一一四首亦有"何须秃兀碑"之语,"兀碑"即是"兀雷","雷""碑"为一声之转,疑即是浑沦、囫囵,形容僧徒头颅光滑滚圆之状。又按晋宋间佛家初行时,僧徒确有称作"道士"者,如西晋竺法护译《佛说四自侵经》:"唯有道士,观世俗人,迷惑如此。"《广弘明集》卷三〇支遁《八关斋诗序》:"间与何骠骑期,当为合八关斋,以十月二十二日,集同意者在吴县土山墓下,三日清晨为斋始，道士白衣凡二十四人。"末句即谓僧徒俗人共二十四人。《高僧传》卷二《鸠摩罗什传》："道士之操不逾先父。""道士"即指鸠摩罗什。唯僧徒称为"道士"，后来并未大行。校记既云"道冠突兀"，则其所谓"道士"并非僧徒之义，亦已可知。

本是俗家人，出身胜地主。

校记：主，原作"立"，据文义改。

楚按：原文"立"字似不误。"出身"者，谓出家也。《五苦章句经》："昔有贤者，居家为道，厌世所有，苦空非身，常欲出身为道，辞家妻子，当就明师，受持法服。临出之日，妻子恋泣，悲诉声哀，其辞辛苦。贤者睹之，心为怅然，意即回变，为妻子所惑，无复出身矣。""胜地"指优越的地位，《管子·七法·为兵之数》："故贤知之君，必立于胜地。"梵志诗则谓俗人一旦出家，便立于"胜地"。盖因僧徒不劳而获，处境优越，故称为"胜地"也。

手把数珠行，愚肚元无物。

楚按："愚"字原本残缺，乙二本作"开"，是。"开肚"句即腹中空虚、不学无术之意。

生即巧风吹（〇二五）

生即巧风吹，死须业道过。

校记：巧风，佛教认为人生是由地水火风等"四大"组成，人得无病而生，是因为好风相吹。

楚按："巧风"为佛经中赋予众生以生命的生命之风,与"地水火风"之风无涉。《五王经》："到三七日父母和合,便来受胎。一七日如薄酪,二七日如稠酪,三七日如凝酥,四七日如肉团,五七日肉疱成就,巧风入腹,吹其身体,六情开张。"《分别功德论》卷三："若当生人,缘父母会。若受男胎,爱彼女人;若受女胎,爱彼男子。除其疾难,三事不差,便得入胎。既受又认,以为己有。七日一变,巧风刻割,至三十八七,乃成其形。"《佛名经》卷三〇："尔时众生,为诸狱卒锉碓斩身,从足斩之,乃至其顶。斩之以讫,巧风吹活,而复斩之。"《法苑珠林》卷一二引《问地狱经》："是诸罪人未受罪之间,其聚是处,巧风所吹,随业轻重,受大小身。臭风所吹,成就罪人粗丑之身;香风所吹,成就福人微细之身。"

来去不相知,展脚阳坡卧。

校记:展脚,民间俗语,词义从伸脚睡卧,转作死亡解。王梵志诗又云:"行行展脚卧,永绝呼征防。"(《生时同毡被》)"阳坡展脚卧,不来世间事。死去长眠乐,常恐五浊地。"(《暂时自来生》)

楚按:"展脚卧"即伸脚睡卧。"转作死亡解"之说,是把上下文意转嫁入词义,恐非确解。此处"展脚阳坡卧"即在向阳坡上负暄高卧,形容无忧无虑,极为舒畅,与死亡无涉。

前人心里怯（〇二七）

楚按：此首应并入上首《佐使非台补》，续言佐史之事也。

前人心里怯，乾唤愧曹长。

校记：前人，疑是"罪人"。

楚按："前人"本为文牍用语，犹云"对方"。《唐律疏议》卷一："厌魅者，其事多端，不可具述，皆谓邪俗阴行不轨，欲令前人疾苦及死者。"又卷十七："杀人之法，事有多端，但据前人身死，不论所杀之状。"又卷二四："告人罪，皆注前人犯罪年月，指陈所犯实状，不得称疑。"唯使用中已不限于文牍，如慧能《坛经》："若不同见解，无有志愿，在在处处，勿妄宣传，损彼前人，究竟无益。"《诸经要集》卷十引《成实论》："恶口辱骂，小人不堪，如石雨鸟；大人堪受，如华雨象。行者常观前人本末因缘，或于过去为我父母，不避罪福，未曾报恩，何须起瞋；或为兄弟妻子眷属，或是圣人，昔为善友，凡情不识，何须加毁。"《旧唐书·刑法志》："若情在体国，即共号痴人；意在深文，便称好吏。所以罪虽合杖，必欲遣徒；理有可生，务入于死。非憎前人，陷于死刑，务取名耳。"（"务取名耳"四字据《太平御览》卷六三六引文补。）《广记》卷四二《李仙人》（出《广异记》）："我去之后，君宜以黄白自给，慎勿传人，不得为人广有点炼，非特损汝，亦恐尚不利前人。"又卷一〇五《宋参军》（出《广异记》）："初，宋问身既为人所杀，何以不报？云：'前人今尚为官，命未合死，所以未复云也。'"又卷一八一《贺拔基》（出《摭言》）："王起长庆中再主文柄，志欲以白敏中为状元，病其人与贺拔惎还往，惎有文而落拓。因密令亲知申意，俾敏中与惎绝。前人申约，敏中忻然，皆如所教。既而惎造门，左右绐以敏中他适，惎迟留不言而去。俄而敏中跃出，连呼左右召惎，于是悉以实告，乃曰：'一第何门不致，奈轻负至交！'相与尽醉，负阳而寝。前人睹之，大怒而去，告于起，且云：'必不可矣。'起曰：'我比只得白敏中，今当更取贺拔惎矣。'"又卷一九四《聂隐娘》（出《传奇》）："又携匕首入室，度其门隙，无有障碍，伏之梁上，至瞑，持得其首归。尼曰：'何太晚如是？'某云：'见前人弄一儿可爱，未忍下手。'"又卷四五四《张简栖》："往去郭可三四里，忽逢一知己相揖，问何往。简栖乃取册子，话狐状。前人亦惊笑，接得册子，便鞭马疾去。"梵志诗二五七首："前人敬吾重，吾敬前人深。"以上各例的"前人"，皆指对方也。

往家贫无好衣（〇六四）

中心禳破毡，还将布作里。

校记：禳，原作"禳"，乙三本作"镶"，据文义改。

楚按：拙文《敦煌写本王梵志诗校注补正》云："'禳'字似应作'禳'，充填之义。此义虽不见于字书，但还保存在现代一些地区的口头语言中，如成都方言把充填棉花叫作'禳'，读作ráng。"今日思之，原文"禳"或"镶"亦非误字。明李实《蜀语》："瓜中犀曰瓤，馒头中肉菜亦曰瓤。瓤音禳。"由瓜瓤之义引申，则不仅馒头馅称"瓤"，凡是充填物（所谓"心子"）皆可称"瓤"；再引申而凡是充填的动作亦可称"瓤"。唯此义不必定写作

"瓤"。《说文》:"䰜,作型中肠也。"段玉裁注:"型者,铸器之法也,其中肠谓之䰜,犹瓜中肠谓之瓤也。"则铸器中肠称为"䰜"。《洛阳伽蓝记》卷三《菩提寺》:"洛阳大市北奉终里,里内之人多卖送死人之具及诸棺椁,涵谓曰:'作柏木棺勿以桑木为欀。'人问其故,涵曰:'吾在地下,见人发鬼兵,有一鬼称是柏棺,应免。'主兵吏曰:'尔虽柏棺,桑木为欀。遂不免。'京师闻此,柏木踊贵。"则棺椁中肠称为"欀"。西晋法炬、法立译《法句譬喻经》卷二明哲品:"今乃得生此贫家作子,穰草之中,以毡褐自覆。""穰草之中"谓钻进草中以暖身,字作"穰"。前秦僧伽跋澄等译《僧伽罗刹所集经》卷下:"犹如新死犊子,见其皮,乳得多。"原注:"新生犊死,取皮酿草如生犊形,置其母前,母谓子活,故乳不竭。""取皮酿草"谓以草充填犊皮,制成标本,字作"酿"(釀)。《广记》卷二三四《御厨》(出《卢氏杂说》):"每有设,据人数取鹅,燖去毛,及去五脏,酿以肉及糯米饭,五味调和。先取羊一口,亦燖剥,去肠胃,置鹅于羊中,缝合炙之。羊肉若熟,便堪去却羊,取鹅浑食之,谓之浑羊殁忽。""酿以肉及糯米饭"谓以此等物充填于鹅腹之中,字亦作"酿"(釀)。《全唐诗》卷八九三五代牛希济《生查子》词:"终日劈桃穰,人在心儿里。""桃穰"即桃仁,《唐声诗》所附《九宫大成谱》卷四八《生查子》乐谱则作"桃瓤"(616页)。综观以上引例,凡充填及充填物等义,皆从"襄"得声,唯字形不定,或随文义而添加义符,或泛取一从"襄"得声之字以代之。若梵志诗之"中心禳破毡",据文义而拟作"禳"字固可,但检字书,"禳"字并无"充填"之义。因知以"充填棉絮"为"禳",虽然历史悠久,现代流行地区也很广泛,实在是但有此音,并无此字,故梵志诗卷或书作"禳",或书作"䰜",盖记俗语字音也,并非是误字。

清贫长使乐,不用浊富贵

楚按:"使"字乃"快"字形讹,梵志诗〇〇六首亦有"吾贫极快乐"之语。

奉使亲监铸(〇七五)

开通万里达,元宝出青黄。

校记:青黄,即青黄不接,青秧未长成,旧谷已完,喻匮乏。该句谓铸钱是为了国用不足。

楚按:"青黄"指熔冶金属时不同阶段的不同气色。《周礼·考工记·㮚氏》:"凡铸金之状,金与锡,黑浊之气竭,黄白次之;黄白之气竭,青白次之;青白之气竭,青气次之,然后可铸也。"郑玄注:"消湅金锡精粗之候。""金锡"即铜锡,"湅"通"炼"。《韩非子·显学》:"夫视锻锡而察青黄,区冶不能以必剑;水击鹄雁、陆断驹马,则臧获不疑钝利。""察青黄"谓观察熔炼金属之火候。梵志诗"元宝出青黄"者,亦谓开通元宝钱出于熔铸而成,盖承上句"奉使亲监铸"而下也。

唯须家中足,时时对孟尝。

校记:孟尝,原作"孟常",据文义改。孟尝:字伯周,东汉人。曾任广东合浦太守,为官清廉,德行高洁,政绩卓著。《后汉书》卷七六有传。对孟尝:喻但求够用,并不贪财。

楚按:原文"常"字是"光"字之误,盖由起笔相同所致。孟光是梁鸿之妻,《后汉书·梁鸿传》载光初嫁梁鸿,始以装饰入门,七日而鸿不答,曰:"吾欲裘褐之人,可与俱隐深山者尔。今乃衣绮缟，傅粉墨，岂鸿所愿哉？"光曰："以观夫子之志耳。妾自有隐居之服。"乃更为椎髻，著布衣，操作而前。鸿大喜曰："此真梁鸿妻也，能奉我矣。"后世因以"孟光"代表安贫乐贱的贤妻。白居易《三年除夜》："素屏应居士，青衣侍孟光。夫妻老相对，各坐一绳床。"刘兼《江楼望乡寄内》："蜀笺都有三千幅，总写离情寄孟光。"《广记》四二九《申屠澄》（出《河东记》）："常作赠内诗一篇曰：'一官悔梅福，三年愧孟光，此情何所喻，川上有鸳鸯。'"苏轼《次韵李邦直感旧》："只许清樽对孟光。"皆以"孟光"称妻，与梵志诗相同。盖"孟光"为贤妻的代称，故得时时相对；若"孟尝"自是古人，岂可起于九原而相对乎。

黄母化为鳖（〇八七）

黄母化为鳖，只为鳖为身。

楚按："只为"之"为"通作"谓"，以为之义。

牛里化为虎，亦是虎为人。

校记：牛化为虎，《法苑珠林》卷四三："晋复阳县，里民有一家儿牧牛。牛忽舐此儿，舐处肉悉白。儿俄尔死。其家葬儿，杀牛以供宾客。凡食此牛肉，男女二十余人，悉变作虎。"（此一验出顾徽《广州记录》）唐李冗《独异志》卷上："牛哀病三月化而为虎，遂食其虎，复化为人。当其为虎时，不知其为人；及其为人，又不知其为虎。"

楚按：原文"里"（裏）当作"哀"，形之讹也。此事即《独异志》所记牛哀事，与所引《法苑珠林》事无涉。唯《独异志》

成书于唐武宗之后，梵志诗用事当别有所本，盖出于《淮南子·俶真训》："昔公牛哀转病也，七日化为虎，其兄掩户而入觇之，则虎搏而杀之。是故文章成兽，爪牙移易，志与心变，神与形化。方其为虎也，不知其尝为人也；方其为人，不知其且为虎也。二者代谢舛驰，各乐其成形。"高诱注："转病，易病也。江淮之间，公牛氏有易病化为虎，若中国有狂疾者，发作有时也。其为虎者，便还食人，食人者因作真虎，不食人者，更复化为人。公牛氏，韩人。淮南之人因牛食仓，谓之仓豢，有验于此。"是知公牛哀者，公牛其姓，哀其名也。称为"牛哀"者，亦如司马迁或称马迁、诸葛亮或称葛亮之例。唐人称引此事者，皆作"牛哀"，如释法琳《辨正论·九箴篇》原注："牛哀病而为虎，逢其兄而噬之。"《广记》卷四三二《南阳士人》（出《原化记》）："主人因话人变化之事，遂云'牛哀之辈，多为妄说'。此人遂陈己事，以明变化之不妄。"梵志诗亦其例也。据上引《淮南子》及《辨正论》，亦可校正《独异志》文字舛误，"遂食其虎"之"虎"，乃"兄"字之讹也。

不忆当时果，宁知过去因。

楚按：今检原本，"果"字实作"菜"，《校辑》误读作"果"。"菜"即"叶"（葉）字，唐人避太宗讳，改字中"世"为"云"耳。此处则借"叶"作"业"，亦敦煌卷子之通例，如《大目乾连冥间救母变文》："灌铁为城铜作壁，叶（业）风雷振一时吹。"（《变文集》，729页）

官职亦须求（一〇五）

天雨麻点孔，三年著一滴。

校记："天雨"两句，犹"水滴石穿"，同下句"逢便宜"相对而言。

楚按：二句似非"水滴石穿"之意，而是"千载难遇"之意，犹如佛经所谓"盲龟值浮木孔"，谓可能性极小也。此处以喻官职、钱财等不可非分妄求。

妄想逢便宜，参差著房席。

校记：房，原作"肩"，据文义改。著房席：俗语，指因生活困迫，无食而卧。

楚按：原文"肩"字即"局"字的别体。《增订碑别字》卷五，《隋元公墓志铭》"局"作"肩"，即此字也。"局席"为宴席之义，如李商隐《杂纂·闷损人》："局席办，请客不来。"《因话录》卷二："李尚书益有宗人庶子同名，俱出于姑臧公。时人谓尚书为文章李益，庶子为门户李益；而尚书亦兼门地焉。尝姻族间有礼会，尚书归，笑谓家人曰：'大堪笑，今日局席，两个坐头，总是李益。'"又"参差"本为差错之义，这里引申为误会之义，"参差著局席"，是说因误会而被人邀请赴宴，可作为"妄想逢便宜"之一例。这等便宜事千载难逢，故上文有"天雨麻点孔"之语。结句云"饿你眼赫赤"，则以正视现实结束。

先因崇福德（一〇八）

先因崇福德，今日受耶胎。

校记：耶，原作"耴"，据文义改。

楚按：原文"耴"字为"肥"字的形讹，"肥胎"指特大的胎儿。佛经以为前生所修福业，可以招致今生的善报，也包括胎儿形体之美好。如《大宝积经》卷五六："难陀，由其胎子先修福业，好施不悭，怜悯贫乏，于诸财物无吝著心，所造善业日夜增长，当受胜报。若生人间，所受果报悉皆称意。若诸世人以长为好则长，若以短为好则短，粗细合度，支节应宜，多少肥瘦勇怯颜色无不爱者，六根具足，端正超伦，词辩分明，音声和雅，人相皆具。所有三业，向人说时，他皆信受，敬念在心。何以故？由彼先世造诸善业，获如是报。"世俗以胎儿肥大为好，故梵志诗云"今日受肥胎"，谓前生种下福因，故今生甫一出生，即获"肥胎"之善报也。

夺我先时乐，将魂死后媒。

校记：该句疑为把魂作为死后的媒，可投胎转世。

楚按："魂"字原本作"宛"，应是"充"字的形讹。《校辑》当是误认作"鼋"，遂录作"魂"耳。佛教因果观念认为前生的苦，可以导致后世的乐，故〇九一首云："今也（世）受苦恼，未来当富贵。"此诗"夺我"二句谓使我今生受苦，充作来生享乐的阶梯。"媒"者非媒妁之媒，而为"縻"之音转，乃引绠也，说见蒋礼鸿《义府续貂》"梯媒"条。

改头换却面，知作何须来。

校记：何须来，疑是"阿谁来"。

楚按：原文"须"字为"相"字的形讹。梵志诗一六二首"识事相逢见，情知乏礼生"。校记："相逢见，原作'须逢见'，据丁五、丁一〇本改。"即"相""须"混用之例。诗意谓转世既改头换面，则不知将作何等相貌；盖寓来生将迷失本性、非复自我之意，与校记（三）所引寒山诗"改头换却面，不离旧时人"殊异其趣。斯3728号卷子："改头换面无休日，死去生来没了期，饶俊须遭更姓字，任奸终被换形仪。"（《变文集》，840页）《敦煌曲校录·五更转》："轮回三恶道，六趣在（楚按任之讹）死生，从来改却这般名，只是换身形。"亦此意也。

兀兀身死后（一〇九）

为人何必乐，为鬼竟何悲？

校记：何必乐，原作"可必乐"，据文义改。

楚按：原文"可"字不误，"可必乐"犹云"岂必乐"。"可"为岂义，《敦煌变文字义通释》第六篇"可、岂可"条论之已详。

地役张眼争，官慢竖眉窟。裹将长鹿脚，知我是谁友？

校记：地役，原作"地徒"，据文义改。指地狱内役卒。窟，出韵，俟校。竖眉，指发怒时眉毛竖起。裹将，原作"裹捋"，据文义改。末两句是俚谚，俟考。

楚按：此四句文意全不可解，"窟""友"亦与上文韵脚"知""悲"不协，当由原文讹误太甚之故。现姑作校理如下。原文

"徒"字不误，上句末字"竟"应为此句首字，为"竞"字之误；此句末字"争"字当属下，此句作"竞地徒张眼"。"争官慢竖眉"为一句。"慢"通作"漫"，与上句为对句。"窟"字当属下，原文"裹"当作"里"。"将"字衍，或应移于末句"知"字上，盖彼处误脱，而阑入于此也。"鹿"字为"展"字之讹，盖因"展"字俗书作"展"，与"鹿"形近，《校辑》遂误读作"鹿"也。此句应为"窟里长展脚"，"窟里"指墓中也。末句"知"字上应补入上句之"将"字，"友"字衍，此句作"将知我是谁"？据上所说，此四句为："竞地徒张眼，争官漫竖眉。窟里长展脚，将知我是谁？""眉""谁"与上文"知""悲"为韵，文意亦粗可通解矣。

思量小家妇（一一七）

思量小家妇，贫奇恶形迹。

校记：形迹，原作"行迹"，据文义改。指礼貌行为。敦煌写本《大目乾连冥间救母变文》："夜叉闻语心遂遂，直言更亦无形迹。"张鷟《游仙窟》："亲则不谢，谢则不亲，幸愿张郎，莫为形迹。"

楚按："形迹"为客套之义，不宜与"恶"字连文。其实原文"行迹"并不错，"行迹"为行为之义，如《汉书·邹阳传》："窃闻长君弟得幸后宫，天下无有，而长君行迹多不循道理者。"又如《敦煌曲校录·五更转》："每恨狂夫薄行迹，一过抛人年月深。"若下文所述种种劣迹，即属"恶行迹"，非仅不礼貌也。

酒肉独自抽，糟糠遣他吃。

校记：独自抽，谓独自享用。抽：取也。

楚按："抽"疑为"袖"字的形讹，谓藏也。

自著紫臭翁，余人赤羖羺。

校记：紫臭翁，疑指紫锦袍，俟校。

楚按："翁"字俟再校，"紫臭"则不误，典出《韩非子·外储说左上》："齐桓公好服紫，一国尽服紫。当是时也，五素不得一紫。桓公患之，谓管仲曰：'寡人好服紫，紫贵甚，一国百姓好服紫不已，寡人奈何？'管仲曰：'君欲止之，何不试勿服紫也？谓左右曰吾甚恶紫之臭。于是左右适有衣紫而进者，公必曰少却，我恶紫臭。'公曰：'诺。'于是日，郎中莫衣紫；其明日，国中莫衣紫；三日，境内莫衣紫也。"

索得屈乌爵，家风不禁答。

校记：屈乌爵，酒杯名。爵：古代盛酒的三足器皿。

楚按："爵"通"雀"，《荀子·礼论》："小者是燕爵。"杨倞注："燕爵与燕雀同。"《孟子·离娄上》："为丛驱爵者鹯也。"《晋书·段灼传》作"为数驱雀者鹯也"。可证"爵"即是"雀"。《五苦章句经》："五曰地狱苦。铁城镬汤，剑树刀山，铁柱消铜，脓血寒冰，沸屎咸水，竹叶火车，炉炭火钉，十六毒刺，乌鹊狡狗，鹑鸟屈鸟，其鸟喙嚄，纯是刚铁，飞入人口，表里洞彻，食人五藏，东西南北，无有避处。"经文所谓"屈鸟"（"鸟"字或为"乌"字之讹），应该就是梵志诗的"屈乌爵（雀）"。"屈乌雀"是地狱中食人的恶鸟，梵志以喻恶女。"索得屈乌雀"即娶得屈乌雀，句式与一一九首"兔（色）得涅（鸠）槃茶"类似。此首与下首《谗臣乱人国》（包括"前身有何罪，色得鸠槃荼"二句）主题、立意相同，堪称姊妹篇（《谗臣乱人国》全诗附见于下条匡补），对照观之，当知此说之不谬。又下句"答"字出韵，今检原本，实为"益"字。"不禁益"俟再考。

前身有何罪（一一九）

前身有何罪，免得涅槃荼。

校记：涅槃荼，佛教用语，谓死。"荼"原是"茶"的本字，这里读作"茶"。汉以后"荼""茶"分作二字，但佛书往往把"茶毗"写作"荼毗"。

楚按：校记以"涅槃荼"为佛教用语，但佛经习语只见有"涅槃"，未闻有"涅槃荼"之说。此处"涅"字实应作"鸠"，"鸠槃荼"为佛经中的恶鬼，义译为冬瓜鬼、瓮形鬼等，专以啖人精气为事，形状极其丑恶。世俗因以为丑妇之喻，如孟棨《本事诗·嘲戏》："中宗朝，御史大夫裴谈崇奉释氏。妻悍妒，谈畏之如严君，尝谓人：'妻有可畏者三：少妙之时，视之如生菩萨；及男女满前，视之如九子魔母，安有人而不畏九子母耶？及五十六十，薄施妆粉，或黑，视之如鸠槃荼，安有人不畏鸠槃荼？'"（《广记》卷二四八引《御史台记》，内容略似，则作任瓌语。）《广记》卷二五一《邻夫》（出《笑言》，明抄本作出《笑林》）："有睹邻人夫妇相谐和者，夫自外归，见妇吹火，乃赠诗曰：'吹火朱唇动，添薪玉腕斜。遥看烟里面，大似雾中花。'其妻亦候夫归，告之曰：'每见邻人夫妇，极甚多情。适来夫见妇吹火，作诗咏之。君岂不能学也？'夫曰：'君当吹火，为别制之。'妻亦效吹。乃为诗曰：'吹火青唇动，添薪黑腕斜。遥看烟里面，恰似鸠槃荼。'"因知以"鸠槃荼"喻丑女，乃古人习语也。又"免"字乃"色"字之形讹，"色"通作"索"，娶妻之义。《鹔鹉书》："已后与儿色妇，大须稳审趁逐，莫取媒人之配。"（《变文集》，858 页）王庆菽校记："乙卷'色'作'索'。按敦煌写本，'色''索'二字常通用。"故知"前身有何罪，色得鸠槃荼"二句，乃是娶丑妇者自悲自叹之辞，则其为上首《谗臣乱人国》之结尾，无可疑矣。兹引录《谗臣乱人国》全诗于下："谗臣乱人国，妒妇破人家。客到双眉肿，夫来两手架（拿）。丑伎不忧敌，面面却缯花。亲姻共劝（欢）乐，夫妇作荣华。前身有何罪，色得鸠槃荼！"

天下恶风俗，临衰命独车。

校记：临衰，犹言临丧。《广韵·灰韵》："缞，仓回切，丧衣，亦作衰。"

楚按：今检原卷作"临尯"，"尯"即"丧"字别体，《校辑》误读作"衰"。《增订碑别字》卷二，《曹全碑》"丧"正作"尯"。《王昭君变文》："单于脱却天子之服，还着庶人之裳，披发临尯，魁渠并至。"（《变文集》，103 页）"临尯"即"临丧"，与梵志诗正同。又"独"字为"犊"字的音讹。《吴越春秋·勾践入臣外传》："越王服犊鼻，着樵头。"《太平御览》卷六八八引作"王衣独鼻、幉头"。即"犊"音讹作"独"之例。"犊车"为载人的牛车，《宋书·礼志五》："犊车，軿车之流也。汉诸侯贫者乃乘之，其后转见贵。孙权云'车中八牛'，即犊车也。"《御览》卷七七五引《晋令》，有百工不得乘犊车之说，知犊车已成为一种华贵的车乘，唐代多为妇女所乘坐，如《新唐书·礼乐志》："供奉内人乘犊车。"《广记》卷二九九《韦安道》（出《异闻录》）："夫人乘黄犊之车。"又卷四二四《柳子华》（原阙出处，明抄本作出《剧谈录》）："一旦方午，忽有犊车一乘，前后女骑导从，径入厅事，使一介告柳曰：'龙女且来矣。'"梵志诗之"犊车"则指"迎车"。古代嫁娶风俗，男方以车迎娶新妇，称为"迎车"，其作用犹如后世之"花轿"，如《御览》卷八一五引汉杨泉《物理论》："世传有夫死而女许以不嫁者，誓以绣衣，襚以衣尸，纳诸棺焉。后三年，妇出适，迎有日矣。有行道人夜求人家宿，向晨，主人语之女约之辞，寄所誓之衣曰：'子到若干里，当逢之，还此衣焉。'或者出门，到所言处，果见迎车，具以事告，还其绣衣。妇遂自经而死。"《南史·齐高昭刘皇后传》："年十七，裴方明为子求婚，酬许已定。后梦见先有迎车至，犹如常家迎法，后不肯去；次有迎至，龙旗豹尾，有异于常，后喜而从之。即而与裴氏不成婚，竟嫔于上。"句道兴《搜神记》："我是辽西太守梁合龙女，今嫁与辽东太守毛伯达儿为妇。今迎车在门前，因大风，我渐（暂）出来看风，即还家人房中。"（《变文集》，871页）就其迎娶作用而言，称为"迎车"；至于车之本身，则仍为犊车。《广记》卷三百《河东县尉妻》（出《广异记》）："景云中，河东南县尉李某，妻王氏有美色，著称三辅。李朝趋府未归，王梳妆向毕，焚香闲坐，忽见黄门数人，御犊车，自云中下至堂所。王惊问所以，答曰：'华山府君使来相迎。'"此条记叙华山神强娶人间有夫之妇事，乃唐代民间盛行的传说，亦见《广记》卷三七八《李主簿妻》（出《逸史》）、卷三〇一《仇嘉福》（出《广异记》）、卷二六《邢和璞》（出《纪闻》），及敦煌本《叶净能诗》（《变文集》，217页）。文中之"犊车"，即指华山府君迎娶之迎车，与梵志此诗之"犊车"指迎车相同。"临丧命犊车"者，谓临丧期间行嫁娶之事也，故下文有"男婚""女嫁"之语。此事为儒家礼教所不容，唐代法律明令禁止。长孙无忌等《唐律疏议》卷十三："诸居父母及夫丧而嫁娶者，徒三年，妾减三等。知而共为婚姻者，各减五等；不知者不坐。"又："若居期丧而嫁娶者杖一百，卑幼减二等；妾不坐。"法律虽如此严禁，民间仍有居丧期间嫁娶之习俗，称为"借吉"，其流风竟至波及宫廷。《旧唐书·张茂宗传》："茂宗以父荫累官至光禄少卿同正。贞元三年，许尚公主，拜银青光禄大夫、本官驸马都尉，以公主幼待年。十三，属茂宗母亡，遗表请终嘉礼。德宗念及茂昭之勋，即日授云麾将军，起复授左卫将军同正、驸马都尉。谏官蒋乂等论曰：'自古以来，未闻有驸马起复而尚公主者。'上曰：'卿所言，古礼也；如今人家往往有借吉为婚嫁者，卿何苦固执？'又奏曰：'臣闻近日人家有不甚知礼教者，或女居父母服，家既贫乏，且无强近至亲，即有借吉以亲者。至于男子借吉婚娶，从古未闻。今忽令驸马起复成礼，实恐惊骇物听。况公主年幼，更俟一年出降，时既未失，且合礼经。'太常博士韦彤、裴堪曰：'……若使茂宗释衰服而衣冕裳，去垩室而为亲迎，虽云辍哀借吉，是亦以凶渎嘉。伏愿抑茂宗亡母之请，顾典章不易之义，待其制终，然后赐婚。'德宗不纳，竟以义章公主降茂宗。"亦可知"借吉"风俗影响之大，而梵志此诗乃有为而发，非浪作者。

男婚不施粉，女嫁著钗花。

校记：男婚，原作"儿婚"，据文义改。施，原脱，据文义补。

楚按：今检原本作"昜婚'，"昜"即"男"之俗字。又"粉"字上为"香"字，并无脱文。疑"不"当作"傅"，二字同属非母，音相近也。此句作"男婚傅香粉"，正与下句"女嫁著钗花"为对。

尸柳阴地卧，知诸是谁家？

校记：知诸，原作"知堵"，据文义改。

楚按："尸柳"疑当作"尸厝"，指未下葬的死者。《王昭君变文》："灵仪好日须安历，葬事临时不敢稽。"（《变文集》，106页）"历"（曆）即"厝"字的形讹；若再误，则为"柳（橺）"矣。原文"堵"当作"者"，同"这"，如《燕子赋》："者汉大痴，好不自知，恰见宽纵，苟徒（图）过时。"（《变文集》，250页）"者汉"即"这汉"。五代蜀后主王衍《醉妆词》："者边走，那边走，只是寻花柳；那边走，者边走，莫厌金杯酒。"梵志诗末句即"知这是谁家尸厝"之意。

天下恶官职之二（一三二）

好眉张福眼，何须弄狮子。

校记：张福眼，原作"福张眼"，据文义改。狮，原作"师"。

楚按：原文"好"字为"努"字之讹。"努眉"为凶恶之相，如《维摩诘经讲经文》："修罗展臂桢（睁）双眼，龙神降（隆）腮努两眉。"（《变文集》，543页）原文"福"字是"複"（复）字的音讹，此字不必放在"张"字之后。"努眉复张眼"为横眉怒目之貌，故下句以"弄师子"喻之。"狮"字是"师"字的后起字，不必改"师"为"狮"。

脱却面头皮，还共人相似。

校记：面头皮，俗称人的面孔。

楚按：此处"面头皮"是指"弄师子"时所披戴的道具假皮。

《通典·乐典·坐立伎部》："太平乐，亦谓之五方师子舞……缀毛为皮，像其俯仰驯狎之容，二人持绳拂为习弄之状，五师子各依其方色，百四十人歌《太平乐》，舞抃以从之，服饰皆作昆仑象。"《乐府杂录·龟兹部》："戏有五常狮子，高丈余，各五色，每一狮子有十二人，戴红抹额，衣画衣，执红拂子，谓之狮子郎舞。"白居易《西凉伎》："西凉伎，假面胡人假狮子，刻木为头丝作尾，金镀眼睛银贴齿。"所记狮子舞（即"弄师子"），规模或不尽同，但都需披戴假头及画皮，即所谓"面头皮"也。此诗立意与《朝野佥载》佚文所记杨炯呼朝士为"麒麟楦"事颇相似。

鸿鹄尽飞扬（一三五）

鸿鹄尽飞扬，蝙蝠夜陵泊。

楚按：原本"飞"作"游"，"游扬"亦飞扬之义，《艺文类聚》卷四引梁丘迟《九日侍宴乐游苑》："云物游扬，光景高丽。""陵泊"费解，原本"陵"字模糊，当作"纷"。"纷泊"为鸟类飞翔起落之貌。《文选》卷二张衡《西京赋》："起彼集此，霍绎纷泊。"薛综注："霍绎纷泊，飞走之貌。"又卷四左思《蜀都赋》："毛群陆离，羽族纷泊。"刘渊林注："纷泊，飞薄也。"《文苑英华》卷一三五李邕《斗鸭赋》："于是乎会合纷泊，崩奔鼓作，集如异国之同盟，散若诸侯之背约。"元稹《有鸟二十章》之十二："可怜鸦鸟慕腥膻，犹向巢边竞纷泊。"《伍子胥变文》："鱼鳖纵横，鸧鸿纷泊。"（《变文集》，12页）又"盡"（尽）字为"晝"（昼）字的形讹。"昼游扬"与"夜纷泊"为对，故下文云"幽显虽不同"，"昼游扬"即"显"，"夜纷泊"即"幽"也。

脱帽安怀中，坐见膝头著。

楚按：下句费解，原卷"见"作"児"，即"儿"字之别体，敦煌卷子屡见。《增订碑别字》卷一，《隋姚佰儿造象》"儿"作"児"，也与此类似。"坐儿膝头著"者，谓抱儿坐于膝头，表现天伦之乐也。

随缘适世间，自得恣情乐。

校记：恣，原作"总"，据文义改。

楚按：原本正作"恣"。

年年愁工番，猕猴带斧凿。

楚按："工"当作"上"，"上番"谓轮番值勤也。《广记》卷二四八《侯白》（出《启颜录》）："白在散官，隶属杨素。爱其能剧谈，每上番日，即令谈戏弄。"此诗"年年"二句即用此事，谓纵然得任散官，仍愁上番日被令作戏弄也。"猕猴带斧凿"者，即戏弄之一种，《南史·陈始兴王叔陵传》："归坐斋中，或自执斧斤，为沐猴百戏。"即其证也。"沐猴"即猕猴，《诗·小雅·角弓》孔颖达疏引陆玑疏："猱，猕猴也，楚人谓之沐猴。"

人寿百年不长命（一五〇）

人寿百年不长命，中道仍有死伤人。

校记：人寿，原作"人受"，据文义改。

楚按：原文"人受"不误，"受"即"受命"之"受"，谓秉受于天的年寿。《礼记·祭法》孔颖达疏："受命，谓年寿也。"

《庐山远公话》："人受百岁，由（犹）如星火，须臾之间，七十八十。"（《变文集》，179页）正作"人受百岁"。《前汉刘家太子传》："西王母笑而应之曰：'此桃种之，一千年始生，二千年始长，三千年始结花，四千年始结子，五千年始熟。陛下受命不过一百年，欲种此桃，与谁人食之？'"又："朕读许负《相书》云：'鼻下一寸，受命一百。'"（并《变文集》，162页）亦作"受"字。《欢喜国王缘》："必若有人延得命，与王齐受（寿）百千年。"（《变文集》，775页）启功校"受"作"寿"，亦不必。

愚夫痴梳梳（一五四）

愚夫痴梳梳，常守无明窟。

校记：痴梳梳，与"痴机机""痴兀兀"义同，皆指愚昧呆滞貌。

楚按：今检原本作"杌杌"，即"兀兀"之讹也。

二鼠数相侵，四蛇推命疾。

楚按："推"字为"催"字的形讹。

更遇炎风吹，彼此更无匹。

校记：遇炎风，原作"愚丸风"，据文义改。炎风，指火风。

楚按：校"愚"作"遇"，是。原文"丸"字应是"刀"字的形讹，"刀风"为佛经中的死亡之风，如《菩萨处胎经》卷六："临欲寿终时，眼见恶鬼神，刀风解其形，无复出入息。"《五苦章句经》："四曰人间死人，刀风断脉，拔其命根，身体正直，不满十日，肉坏血流，膖胀烂臭，无可取者。"道绰《安乐集》卷上引《智度论》："一切众生临终之时，刀风解形，死苦来逼，生大怖畏。"《释氏要览》卷下引《正法念经》："命终时刀风皆动，如千尖刀刺其身上。"《广弘明集》卷三十《八关斋夜赋四城门更作四首》联句诗第三赋韵《西城门死》诸葛岊句："自应蝼蚁驱，值此风刀逐。""风刀"亦即"刀风"也。

兄弟相怜爱（一五七）

为人欲得别，此则是兵奴。

校记："兵奴"句谓当兵奴乃大不幸，可能一别终身，兄弟不得再聚。本诗提出兵奴，反映作者对唐代兵制的憎恶。

楚按：此说似非梵志原意。古人以兵士粗鄙不文，故詈人则称之为"兵"，如《三国志·蜀志·刘巴传》裴注引《零陵先贤传》："张飞尝就巴宿，巴不与语，飞遂忿恚。诸葛亮谓巴曰：'张飞虽实武人，敬慕足下。主公方今收合文武，以定大事；足下虽天素高亮，宜少降意也。'巴曰：'大丈夫处世，当交四海英雄，如何与兵子共语？'"《世说新语·方正》："王文度为桓公长史时，桓为儿求王女，王许咨蓝田。既还，蓝田爱文度，虽长大犹抱著膝上。文度因言桓求己女婚。蓝田大怒，排文度下膝曰：'恶见。文度已复痴，畏桓温面？兵，那可嫁女与之！'"卢仝《冬行三首》之三："船人虽奴兵，亦有意智长。"《广记》卷七九《慈恩僧》（出《因话录》）："（赵憬）既出，逢裴延龄。时以度支次对，曰：'相公奏何事称意，喜色充溢？'赵不之对。延龄愠詈而去云：'看此老兵所为得行否！'"《类说》卷二六引《五代史补》："仲举，诗家之高逸者；其余奴兵，乃闰气耳。"梵志诗中的"兵奴"，亦如上引"兵子""老兵""奴兵"之比，以称下贱粗鲁者，似不必过求深解。

主人无床枕（一六四）

主人无床枕，坐旦捉狗狐。

校记：狗狐，疑同"狗蚤"，但与"门"字不协韵。

楚按：原文"狗狐"固然费解，改作"狗蚤"亦不可取。"狐"字应是"亲"字之讹，此句典出《颜氏家训·勉学》："义阳朱詹，世居江陵，后出扬都。好学，家贫无资，累日不爨，乃时吞纸以实腹。寒无毡被，抱犬而卧。犬亦饥虚，起行盗食，呼之不至，哀声动邻，犹不废业，卒成学士。"梵志诗之"捉狗亲"，即《家训》之"抱犬而卧"。此首大旨在言朋友投宿之道，倘若主人床枕无多，宁可抱犬达旦，亦不应去而之他也。

有女欲嫁娶（一八八）

但得身超后，钱财总莫论。

楚按："后"（後）字为"俊"字的形讹。《御览》卷八六〇引王隐《晋书》："王羲之幼有风操。郗虞卿闻王氏诸子皆后，令使选婿。诸子皆饰容以待客，羲之独坦腹东床，啮胡饼，神色自若。使具以告，虞卿曰：'此真吾子婿也。'问为谁，果是逸少，乃妻之。"文中"王氏诸子皆后"，"后"（後）为"俊"之讹，与梵志此诗正同。郗鉴（虞卿）择婿标准为王谢"高门"子弟之"俊"者，梵志此诗即此意也。

欲得于身吉（一八九）

但知牢闭口，祸去阿宁来。

校记：阿宁来，原作"阿你来"，据丁六、丁七、丁一一本改。丁三、丁五本作"自然离"。

楚按：原本"阿你来"是。"阿你"即你。"阿"是用在人称代词前的语助词，如《燕子赋》："鸜鹆隔门遥唤：'阿你莫漫辄藏！'"（《变文集》，250页）《茶酒论》："茶为（谓）酒曰：'阿你不见道，男儿十四五，莫与酒家亲。'"各本"宁"为"你"之声转，如《大目乾连冥间救母变文》："宁作狗身于此？你作饿鬼之途？"（《变文集》，744页）前云"宁作"，后云"你作"，"你作"即是"宁作"。《孝子传》："儿死再有，母重难（难重）得，你可煞儿存母。"（《变文集》，906页）"你可"亦即"宁可"，皆是"你""宁"相通之证。

在乡须下意（二一三）

相见先作拜，膝下投黄金。

校记：投黄金，原作"没黄金"，据丁四本改。该句源自俚谚"男儿膝下有黄金"。

楚按：原本"没黄金"极是，丁四本"投"字为"没"字的形讹。《五灯会元》卷一二《兴教坦禅师》："大丈夫膝下有黄金，争肯礼拜无眼长老？"元贾仲名《对玉梳》杂剧二折："〔净怒云〕男儿膝下有黄金，划地望梅止渴。"今京剧说白中亦有"男儿膝下有黄金，岂肯低头拜妇人"之语。"有黄金"言膝下贵重，不肯轻屈。此首立意相反，主张谦恭下意，故第三句言"相见先作拜"，第四句接云"膝下没黄金"也。

杀生罪最重（二二七）

欲得身长命，无过点续明。

校记：续明，原作"续朋"，据丁四本改。疑问"续命"，犹放生。

楚按：作"续明"是，但"续明"并非是"续命"，否则"点"字无根矣。"续明"者，长明灯也。佛教以为在寺庙燃灯供养，可以增长无量福田，如《施灯功德经》："如是然少灯明，所受福报，不可得说。"《须摩提菩萨经》："佛语须摩提菩萨：复有四事，法得神足。"其第三事即是"常然灯火于寺塔中"。《药师琉璃光本愿经》："阿难，若帝后妃主、储君王子、大臣辅相、中官采女、百姓黎庶，为病所苦，及余厄难，亦应造立五色神幡，然灯续明，放诸生命，散杂色花，烧众名香，病得除愈，众难解脱。"经文所云"然灯续明"，即是梵志诗之"点续明"也。《周书·张元传》："元年十六，其祖丧明三年。元恒忧泣，昼夜读佛经，礼拜以祈福佑。后读《药师经》，见'盲者得视'之言，遂请七僧，然七灯，七日七夜，转《药师经》行道。每言：'天人师乎！元为孙不孝，使祖丧明，今以灯普施法界，愿目见明，元求代暗。'如此经七日，其夜，梦见一老公，以金鎞治其祖目，谓元曰：'勿忧悲也，三日之后，汝祖目必差。'元于梦中喜跃，遂即惊觉，乃遍告家人。居三日，祖目果明。"亦民俗以为然灯续明可以疗病之一例。

相交莫嫉妒（二三四）

相交莫嫉妒，相劝莫蛆伫。

校记：蛆伫，俗语，以蛆虫喻人心之狞恶。又见王梵志《寻常勤念佛》诗："心里无蛆伫，何愁佛不成。"

楚按："蛆"通作"怚"，骄傲之义；"伫"通作"佇"，谄媚之义。"劝"为"欢"之形讹，"相交""相欢"相对为文，乃析"交欢"之词而对举之也。

一日无常去，王前罢手行。

楚按："罢"当作"摆"，"摆手行"表示无拘无碍，一身轻松。《景德传灯录》卷二十《鄂州桐泉山和尚》："天门一合，十方无路；有人道得，摆手出漳江。"又卷三十石头和尚《草庵歌》："遇祖师，亲训诲，结草为庵莫生退，百年抛却任纵横，摆手便行且无罪。"《五灯会元》卷十五《延庆宗本禅师》："僧问：'鱼未跳龙门时如何？'师曰：'摆手入长安。'"元高文秀《黑旋风》杂剧一折："〔伴读书〕泰安州便有那千千丈陷虎池、万万尺牢龙井，我和你待摆手去横行。"梵志诗之"王前摆手行"，谓一旦死去，因为没有恶业，在阎王面前也无所畏惧，可以掉臂游行也。

恶事总须弃（二四六）

知意求妙法，必得见如来。

楚按："知"字为"至"字的音讹。"至意"为虔诚之义，如《佛说分别经》："后世之末，若有人至意厌于苦痛，欲求度脱，当何以济其来意？"《广记》卷二五《采药民》（出《原化记》）："诸道流传授真经，服药用气，洗涤尘念，而三侍女亦授以道术。后数朝谒，每见玉皇，必勉其至意。"亦作"志意"，《降魔变文》："卿今轻财如土，重德犹珍，志意买园，欲将何用？"（《变文集》，371页）《维摩诘经讲经文》："欲得闻真妙，还须志意听。"（《变文集》，564页）

人纵百年活（二五〇）

人纵百年活，须臾一日死。

校记：死，原作"子"，据文义改。

楚按："一日死"，原本作"一白子"，应作"一向子"，"白"盖"向"之形讹。"一向子"犹云顷刻、片时也。《大目乾连冥间救母变文》："神通得自在，掷钵便腾空，于时一向子，上至梵天宫。"（《变文集》，717页）通常只作"一向"，故同篇变文下文又云："目连一向至天庭，耳里唯闻鼓乐声。"《伍子胥变文》："吴军随后即趁，恰似风云一向，摩灭楚军。"（《变文集》，20页）此"一向"当属下句，谓顷刻之间消灭楚军也。《敦煌曲校录·十二时》:"如今一向为生涯,前程将甚为支准?"晏殊《浣溪沙》:"一向年光有限身,等闲离别易销魂。"其以"一向"与"须臾"连文者,如《大目乾连冥间救母变文》:"一向须臾千回死,于是唱道却回生。"(《变文集》,734页)"向"为"饷""晌"(曏)的借字,故又作"一饷""一晌",如敦煌卷子斯4277号王梵志诗:"悟道虽一饷,旷大劫来因。"卢仝《感古四首》之三:"万世金石交,一饷如浮云。"韩愈《醉赠张秘书》:"虽得一饷乐,有如聚飞蚊。"李煜《浪淘沙》:"梦里不知身是客,一晌贪欢。"

不闻念佛声,满街闻哭响。

校记:(不闻念佛声)闻,原作"见",据文义改。

楚按:原文"见"字并不错,改作"闻"字,与下句"闻"字犯复,非是。"见"亦闻之义,如《茶酒论》:"阿你不见道:'男儿十四五,莫与酒家亲。君不见生生鸟,为酒丧其身。'阿你却道:'茶吃发病,酒吃养贤。即见道有酒黄酒病,不见道有茶疯茶颠。'"(《变文集》,268页)凡"见"字皆应理解为"闻"之义。乐府歌行多有"君不见"的套语,其所谓"不见"之事,往往有不可能目睹者,此等情况,唯有将"君不见"理解为"君不闻",方不抵牾也。又此二句既别起一意,又与下首同韵,当移入二五一首。

审看世上人(二五三)

审看世上人,有贱亦有贵。贱者由悭贪,吝财不布施。贵贱既有殊,业报前生值。

楚按:以上应为一首。此首疑有八句,夺去五六两句。盖此诗首二句以"贵贱"起，末二句以"贵贱"结，中四句分别承言"贱"与"贵"。三四既言"贱者"，则五六应言"贵者"，惜已脱去，遂无证明耳；然论章法，固应如此。又末句"业报前生值"，"值"当作"植"。○五八首"富者前身种"，"种"即"植"也。《广弘明集》卷一四李师政《内德论·通命》："春种嘉谷，方赖夏雨以繁滋；宿植良因，乃藉今缘而起发。"《广记》卷一○一《韦氏子》（出《续玄怪录》）："多谢世人，勉植善业。"亦写作"殖"，《灯指因缘经》："是儿先世，宿殖福因。"盖佛教以种因结果为喻，如《弘明集》卷一三郗超《奉法要》："心为种本，行为其地，报为结实。犹如种殖，各以其类，时至而生，弗可遏也。"故或作"植"、作"殖"、作"种"皆可，唯作"值"则非其义也。

前死未长别（二五六）

楚按：此首应析为《前死未长别》与《不净脓血袋》两首。其《前死未长别》一首，其实是北周释亡名《五盛阴》的改作，兹并引于下，以资比较。梵志诗："前死未长别，后来亦非亲。新坟影旧冢，相续似鱼鳞。义陵秋节远，曾逢几个春。万劫同今日，一种化微尘。定知见土里，还待昔时人。频开积代骨，为坑埋我身。"《广弘明集》卷三○亡名《五盛阴》："先去非长别，后来非久亲。新坟将旧家（冢），相次似鱼鳞。茂陵谁辨汉，骊山讵识秦？千年与昨日，一种并成尘。定知今世土，还是昔时人。焉能取他骨，复持埋我身？"

前死未长别,后来亦非亲。

校记:亲,原作"久",出韵,据文义改。

楚按:应据《五盛阴》作"后来非久亲",与上句"前死未长别"为对句。

定知见土里,还待昔时人。

校记:还待,戊二本作"还得"。

楚按:戊二本"还得"是,原本"待"为"得"之形讹。"见"同"现","现土"乃昔人尸骨化成,故云"还得昔时人"也。

身强避却罪(二六一)

十念得成就,化佛自迎君。

校记:十念,佛教用语。指念佛、念法、念僧、念戒、念施、念天、念休息、念出入息、念身、念死等。

楚按:此首所表现的思想,纯为净土宗观念。所谓"十念"者,非如校记所说之繁复,实为净土宗之生天捷法。其所念持者,为阿弥陀佛名号,如《阿弥陀鼓音声五陀罗尼经》:"西方安乐世界,今现有佛,号阿弥陀。若有四众,能正受持彼佛名号,以此功德,临欲终时,阿弥陀即与大众往此人所,令其得见,见已寻生庆悦,永离胞胎秽欲之形,纯处鲜妙宝莲花中。"《释氏要览》卷中引《智度论》亦云:"但一称南无佛,是人亦得毕苦,其福无量。"而"十念"者,指念诵"阿弥陀佛"十声,如释迦才《净土论》卷下:"其人忽然踊跃欢喜云:'佛言有地狱,如言即有者。

佛言得往生，弟子定得往生也。'……遂左手燃火，右手握香，面向西方，至心念佛，未满十念，却告众云：'佛从西来，大有徒众，并放光明，授我华坐。'言毕即终。此是十念往生也。"宋王日休《龙舒增广净土文》卷四《修持法门一》："阿弥陀佛四十八愿中有一愿云：'我作佛时，十方众生至心信乐，欲生我国，十声念我名号而不生者，我不作佛。'"又卷三《普劝修持六》："是所谓十念者，乃生前自念十声，念阿弥陀佛，非谓身后请人念也。"若更加简捷，则连"十"之数目亦不必拘泥，如道绰《安乐集》卷上："又云，十念相续者，是圣者一数之名耳，但能积念凝思，不缘他事，使业道成办便罢，亦不劳记之头数也。"

夫妇生五男（二六六）

妻即无褐裙，夫体无裈裤。

校记：褐裙，原作"裙被"，戊二本作"褐被"，据文义改。

楚按：戊二本是，"褐"即粗布衣，"被"读平声，同"披"。

浑家少粮食，寻常空饿肚。男女一处坐，恰似饿狼虎。粗饭众厨餐，美味当房去。努眼看尊亲，只觅乳食处。少年生夜乐，老头自受苦。

校记：坐，原作"生"，据戊二本改。当房去，原作"当房佉"，戊二本作"当房弃"，据文义改。当房去，即美味归入各自房去，不与父母。乳食处，指哺乳幼儿。与上句"尊亲"相对而言。夜乐，原作"平又"，戊二本作"夜□"，据文义改。

楚按：此段文意不连贯，文字讹误之外，又且文句颠倒。兹为重新校理如下:"浑家少粮食,寻常空饿肚。粗饭众厨餐,美味当房弃。男女一出生,恰似饿狼虎。努眼看尊亲,只觅乳食处。少年生夜叉,老头自受苦。"原文"一处生","生"字极是,不必改为"坐";"处"则"出"之音讹。原文"当房佉",戊二本"当房弃","佉""弃"皆为"弄"字之讹,"弄"义同"藏"。"乳食处"指母亲的乳房,并非指哺乳幼儿。原文"平又","平"字当据戊二本作"夜","又"则"叉"之形讹。又"男女"二句当移至"粗饭"二句之后,则文意贯通矣。此段大意言:全家缺少粮食,经常空饿肚皮;不孝子却把粗恶食物供给大厨房,美味食品藏在自己房内享受。想当初不孝子刚一出生,便犹如饥狼饿虎,努目瞪视父母,只知寻觅乳房饱餐。唉,年轻时生下这等夜叉般的不孝子,到老来活该受苦!

今得入新年(二七七)

人人皆发愿,远离时气病。

校记:时气病,这里指杀生食肉。

楚按:"时气病"即时疫,或称流行性传染病。《汉书·鲍宣传》:"时气疾疫,七死也。"《搜神后记》卷四:"襄阳李除,中时气死。"《高僧传》卷八《释僧远传》:"尝一时行青园,闻里中得时气病者,悯而造之。见骈尸侣病者数人,人莫敢近,远深加痛惋,留止不忍去。"《舜子变》:"今日见我归来,床上卧地不起,为复是邻里相争?为复是天行时气?"(《变文集》,130页)《广记》卷二〇九《李都》(出《抒情诗》):"李都荆南从事时,朝官亲熟,自京寓书,踪甚恶。李寄诗戏曰:'草缄千里到荆门,章草纵横任意论。应笑钟张虚用力，却教羲献枉劳魂。唯堪爱惜为珍宝，不敢流传误子孙。深荷故人相厚处，天行时气许教吞。'"末句乃讥朝官书迹恶劣，犹如道士画符，瘟疫流行之际，可以焚灰吞服以却病也。《清平山堂话本·合同文字记》："又过半年，忽然刘二感天行时气，头疼发热。"梵志诗则以"远离时气病"作为新年的美好祝愿。

冤冤来相仇，何时解过竟。

校记："冤冤"，原作"怨怨"，据戊三本改。过竟，原作"逼竟"，据戊三本改。同"了竟"，犹云了结。《隋唐嘉话》卷上："雄信揽辔而止，顾笑曰：'胡儿不缘你且了竟。'"

楚按："怨怨"不必改。今检戊三本，实作"惌惌"，同"怨怨"，盖唐人书"夗"多从"死"也。"怨"即"怨家"，仇人之义。又"解过"之"过"，原本作"逼"，戊三本作"适"，即"適"（适）之形讹；"适"又"释"之音讹。《燕子赋》："既有上柱国勋收赎，不可久留在狱，宜即适放，勿烦案责。"（《变文集》，253页）王重民校记疑"适放"当作"释放"，是。（"案责"亦当作"案牍"。）即"释"音讹为"适"之例。梵志诗之"解释"，谓消弭怨仇也，如《后汉书·章帝纪》："朕惟巡狩之制，以宣声教，考同遐迩，解释怨结也。"《捉季布传文》："依卿所奏休寻捉，解冤释结罢言论。"（《变文集》，68页）"解释"用法与梵志诗相同。或以为当作"解摘（摘）"（《中国语文》1983年第6期郭在贻《唐代白话诗释词》"解摘"条），恐未必然。何以知之？盖消解怨仇之义，只见有用"解释"之例，未见有用"解摘"之例也。

父母是冤家（二七九）

父母是冤家，生一忤逆子。

校记：忤逆，原作"五逆"，据文义改。俗称不孝父母为忤逆。

楚按：原文"五逆"不错，不烦改字"五逆"本指五种大逆不道之罪：杀君及杀父、母、祖父、祖母。佛经则以杀父母、阿罗汉、破坏声闻和合僧、出佛身血为"五逆"（见《十轮经》）。但在民间则往往以"五逆"专指不孝，如《父母恩重经讲经文》："慈母德，卒难裁，万论千经赞莫偕；自是女男多五逆，等闲逃走不皈回。"（《变文集》，689页）《地狱变文》："五逆向耶娘，万般恶业累。"（同上762页）《故圆鉴大师二十四孝押座文》："孝慈必感天宫福，五逆能招地狱殃。"（同上836页）《孝子传》："天具（见）不孝，降雷霹雳至死，又书背上曰：'向生妻五逆，天雷霹雳打煞。'"（同上909页）以上各例中，"五逆"皆专指不孝而言，这是词义演变中的缩小倾向（早在刘勰《灭惑论》所引道教《三破论》中，即以"五逆不孝"连文）。《庐山远公话》："若是吾逆之子，如何分免（娩）在其阿娘腹内，令母不安，蹴踏阿娘，无时暂歇。"（同上179页）"吾逆"也应作"五逆"，原校作"忤逆"，其误与《校辑》正同。

身役不肯料，逃走离家里。

校记：离，原作"皆"，据文义改。

楚按：原文"皆"字为"背"字的形讹，"背"亦离之义。

《捉季布传文》:"臣忧季布多顽逆,不惭圣泽皆(背)皇恩。"(《变文集》,69页)即"背"讹作"皆"之列。

吾家昔富有(二九一)

吾今乍无物,还同昔时你。

校记:无物,原作"无初",据文义改。

楚按:原文"无初"不误。"无"即无钱,亦即贫穷之义,不须定赘"物"字。一七二首"有莫相轻贱,无时始认他","有"谓富,"无"谓贫,正与此处相似。上云"你今初有钱",此云"我今乍无初",皆就"初"字为言,盖地位刚刚变化之初,尤其不易服气也。

可惜好靴牙,翻作破袜底。

校记:破袜底,原作"破皮底",据文义改。

楚按:原文"破皮底"不误,"皮底"即皮制鞋底。《旧唐书·舆服志》:"诸文官七品以上朝服者……诸舄并乌色。舄,重皮底;履,单皮底。"可为证也。

兀然无事无改换(三一九)

校记:清高士奇《江村消夏录》卷二载王梵志诗十一首,自《兀然无事无改换》(三一九)至《水月无形》(三二九)。这些诗见于宋黄庭坚书写的高七寸五分、长一丈二尺五寸的古色青襕笺上。明代著名画家董其昌观后题记："黄文节书世多摹本，又多赝本。生平所见，以此卷为灼然无疑。梵志诗较寒山更自奇崛。书亦近之。"

楚按：此十一首（三一九至三二九）实非梵志手笔，而是唐释明瓒所作《懒馋歌》，载于《祖堂集》卷三，题作《乐道歌》；又载于《景德传灯录》卷三十，题作《南岳明瓒禅师歌》，被误嫁为梵志诗，又割裂为十一首。笔者另有《王梵诗十一首辨伪》论之，兹不赘引。

（原载《中华文史论丛》1985 年第 1 辑）

王梵志诗释词

中华书局出版的《王梵志诗校辑》（张锡厚著），是我国出版的第一部王梵志诗的全辑本，其中提供了有关唐代俗语的一批新鲜的材料。本文加以解释的若干词语，便是其中的一小部分。

查郎、孼子

《敦煌写本王梵志诗集原序》："查郎孼子生惭愧，诸州游客忆家乡。"

"查郎"之语，见于《广韵》上平声十三佳："查，查郎。"惜乎并无解释，可见是当时习语，故无须解释；然而今天颇不易解。《全唐诗》卷八八三（补遗二）载李涉《却归巴陵途中走笔寄唐知言》："更有风流歃奴子，能将盘帕来欺尔。白马青袍豁眼明，许他真是查郎髓。"诗中的"盘"字是"鞶"字之误。孙望辑《全唐诗补逸》卷十九载日本菅原道真《重依行字和裴大使被酬之什》："濯溉梁园为墨客，婆娑孔肆是查郎。""查郎"指放浪子弟，和《王梵志诗集原序》的"查郎"相同。"查"即放浪之义，《封氏闻见记》卷十《查谈》："近代流俗，呼丈夫女人纵放不拘礼度者为'查'，又有百数十种语，自相通解，谓之'查谈'，大抵近猥僻。"按"查谈"亦作"查语""叉语"。《酉阳杂俎续集》卷四《贬误》："予别著郑涉，好为查语，每云'天公映冢，染豆削棘，不若致余富贵'。至今以为奇语。释氏《本行经》曰：'自穿藏阿逻仙言磨棘画羽，为自然义。'盖从此出也。"① 日本僧人遍照金刚《文镜秘府论》南卷《论文意》："调笑叉语，似谑似讖，滑稽皆为诗赘，偏入嘲咏，岂足为文章乎？"②

至于"孽子"，《校辑》校记云："'孽'，原作'躵'，据甲二本改。"今检甲二本（斯5796）照片，实为"躵"字，并无作"孽"字者。"躵子"就是荡子，明刊本《重刊详校篇海》卷四《身部》："躵，他旷切，音荡，弱也。""弱"之一义施于此处，殊

---

① 此处所谓释氏《本行经》语，见隋阇那崛多译《佛本行集经》卷二一《王使往还品下》所载："故先典中，有如是语：棘针头尖，是谁磨造？鸟兽色杂，是谁画之？此义自然，无人所作，亦复不可欲得即成。世间诸物，不得随心即使回转，而有偈说：棘针头尖是谁磨？鸟兽色杂复谁画？各随其业展转变，世间无有造作人。"又北凉昙县无谶译《大般涅槃经》卷一九亦云："谁来诳王，言有地狱？如刺头利，谁之所造？飞鸟色异，复谁所作？水性润渍，石性坚硬，如风动性，如火热性，一切万物，自死自生，谁之所作？"又卷四〇云："一切众生，其生各界，是故名为一切自性。如龟陆生，自能入水。犊子生已，能自饮乳。鱼儿见钩，自然吞食。毒蛇生已，自然食土。如是等事，谁有教者。如刺生已，自然头尖。飞鸟毛羽，自然色别。"亦是此意。此等议论，主张一切出于自然，盖外教用以破除佛教因果报应之说者。至若郑涉"天公映冢"云云，意谓天公与其将造化之力用于"映冢染豆削棘"等无谓之事，不如用来为我辈谋致富贵耳。

② 王利器《文镜秘府论校注》302页云："'叉语'，《古抄本》作'叉托'，《无点本》作'人语'，《笺》曰'叉语如叉手，相错言语也'。按：'叉语''叉托''人语'，三者义俱难明。窃疑此文'叉语'当作'又语'，'调笑'二字，当移于'滑稽'二字之上，即当作'又语似谑似讖，调笑滑稽，皆为诗赘'，则文从字顺矣。"楚按，原文"叉语"极确。《古抄》作"叉托"，"托"为"语"字形讹，盖"语"草书作"诶"，因讹为"托"也。《无点本》作"人语"，"人"亦"叉"之形讹。《笺》谓"叉语如叉手"云云，亦属望文生义。王疑当作"又语"云云，改窜原文，实不足取。以上舛误，皆由不知"叉语"之义而生。

觉未合。当是由于音同，借作"荡"字。按字书收入"嬲"字，以《篇海》（金韩孝彦撰）为最早，若据梵志诗卷，此字初唐时期既已流行矣。

绩 筥

《王梵志诗集原序》："慵夫夜起□□□，懒妇彻明对绩筥。"

"绢筥"之语，《大正藏》本同，虽似可通，其实非是。今检甲一本（斯0778）、甲二本照片，皆作"绩筥"，《校辑》及《大正藏》皆误读"绩"为"绢"。凡从"昌"之字，多可写作"冐"，此字实为"缉"字。《增订碑别字》入声十四缉，《魏张猛碑》"缉"作"绢"。《干禄字书》入声："绢缉，上俗下正。"《敦煌变文集·捉季布传文》："母解绢（缉）麻居村墅，父能牧放住乡村。"皆是"绢"同"缉"之证。此处的"缉筥"，又同"绩筥"。《西京杂记》卷四："元后在家，尝有白燕衔白石，大如指，坠后绩筥中。"盖因"缉""绩"通用，如《诗·陈风·东门之池》："东门之池，可以沤麻。"郑笺："于池中柔麻，使可缉绩作衣服。"陆德明释："西州人谓绩为缉。"《说文》："缉，绩也。"段注："凡麻枲先分其茎与皮曰朩，因而沤之，取所沤之麻而枕之。枕之为言微也。微纤为功，析其皮如丝，而撚之，而剡之，而续之，而后为缕，是曰绩，亦曰缉，亦累言缉绩。"皆是"缉""绩"通用之证。那么"绩筥"又是何物呢？元王祯《农书·农器图谱集·麻苎门》："绩籢（原注：去中切），盛麻绩器也。绩，《集韵》云：'缉也。'籢，《说文》曰：'笼也，又姑篓也。'（按《说文》无此文）字从竹，或以条茎编之，用则一也。大小深浅，随其所宜制之。麻、苎、蕉、葛等之为缔绤,皆本于此,有日用生财之道也。"这里说的"绩籰"即是"绩筐",女工纺绩所用,以盛丝麻等物。《原序》"懒妇彻明对缉筐",谓懒妇改懒为勤,彻夜纺绩不息也。

呼 唤

○○六首:"你富户役高,差科并用却。吾无呼唤处,饱吃长展脚。"

此处的"呼唤",与通常的用法不同,是"役使"之义。按唐代根据家业贫富与人丁多寡,分人户为九等,户等高者户役亦高,如《唐律疏议》卷一三云"依《令》:凡差科,先富强,后贫弱;先多丁,后少丁。"《唐大诏令集》卷六九《广德二年南郊德音》:"天下户口,宜委刺史、县令据见在实户,量贫富作等第差科。"故梵志诗云"你富户役高",谓你虽富足,然而差科亦相应增多;又云"吾无呼唤处",谓我虽贫穷,所幸因此而得免役使。"呼唤"为役使、使唤之义,如李商隐《杂纂·失本体》:"不听呼唤,不会传语,失院子体。"王建《宫词》:"内中数日无呼唤,传得滕王《蛱蝶图》。"《太平广记》卷三四八《韦齐休》(出《河东记》),载齐休死后,魂灵附着尸体,"及将归,自择发日,呼唤一如常时。婢仆将有私窃,无不发摘,随时捶挞"。《敦煌变文集·伍子胥变文》:"三教并兴,城门不闭,更无呼唤,无摇(徭)自活。"宋洪觉范《石门文字禅》卷一七《慎侄来侍求偈》:"我居十年无使者,呼唤应时随指顾。"元郑廷玉《后庭花》杂剧一折:"圣人将俺子母二人赐与赵廉访大人,到此数日,不蒙呼唤。"梵志诗二八六首亦云："一则无租调，二则绝兵名。闭门无呼唤，耳里挳星星。""挳"当作"极"，草书形近而误，"星星"通"惺惺"。"无呼唤"承上"绝兵名"而言，谓无兵役之事相逼，"呼唤"即指呼充兵役。在现代方言中，还保留了"呼唤"的役使之义，如《小说选刊》1981年第11期载《晴转多云，有雷雨》："笑和尚在公社机关，论资历最浅，论岁数最年轻，因此只有被人呼唤的义务。然而，有一回，他却呼唤过别人，被他呼唤的竟是地委派来的工作队。"单云"呼"或"唤"，亦为役使之义。如梵志诗二五一首："行行展脚卧，永绝呼征防。"《祖堂集》卷三载懒瓒和尚《乐道歌》（此歌《校辑》误作梵志诗，析为十一首，收入卷六）云："兀然无事坐，何曾有人唤。"亦谓无人役使也。

"呼唤"之所以有役使义，是由于役使别人，当先呼唤其人，故"呼唤"亦遂有役使之义。与此相对应，若从被役使者着眼，被人役使，当先答应，故"答应"亦遂有被役使（亦即侍候）之义。如元岳伯川《铁拐李》杂剧二折："哥哥，如今官府难答应，哥哥平日所行，教与兄弟些。"《警世通言·王安石三难苏学士》："徐伦自小书房答应，职任烹茶。"《醒世恒言·两县令竞义婚孤女》："那个养娘依旧教他伏侍小姐，等他两个作伴，做些女工，不要他在外答应。"

生　缘

"生缘"一词梵志诗中凡两见，○二二首："眷属王役苦，衣食远求难。出无夫婿见，病困绝人看。乞就生缘活，交即免饥寒。"又○二四首："不采生缘瘦，唯愿当身肥。"

○二二首的"生缘"是家乡、籍贯之义。《敦煌变文集·燕子赋》载雀儿语燕子："问君行坐处,元本在何州?"燕子回答说："本贯属京兆,生缘在帝乡。"这两句是同义反复语,"帝乡"就是"京兆","生缘"亦即"本贯"也。顾况《送少微上人还鹿门》："少微不向吴中隐,为个生缘在鹿门。"齐己《逢乡友》："生缘同一国,相识共他州。"《全唐诗外编》第三编《全唐诗补逸》卷八张祜《送法镜上人归上元》："南国僧游二十年,却因无任访生缘。"按下文云："故老尽成双鬓雪,旧房深锁一林烟。"知"生缘"即故乡。《太平广记》卷四九〇《东阳夜怪录》："乃问高公生缘何乡,何故栖此?"《祖堂集》卷九《落浦和尚》："师云:'大懒在,甚须保持。生缘什么处?'对云:'信州人。'"又卷一一《惟劲禅师》："洞山问云:'阇黎生缘何处?'师云:'和尚若实问某甲,即是闽中人。'"又卷一九《韶州云门山交偃禅师》："汝诸人傍家行脚,皆是河南海北,各各尽有生缘所在,还自知得么?"《宋高僧传》卷一九《唐南岳山明瓒传》："释明瓒者,未知氏族生缘。"以上各例之"生缘"皆为籍贯、家乡之义。梵志诗○二二首写下层道姑的苦情,"乞就生缘活"者,要求回家乡过活,与亲人相濡以沫也。盖僧道出家,例须远离家乡亲人,以便割断俗缘。如《太平广记》卷六六《谢自然》(出《集仙录》)："修道要山林静居,不宜附近村栅……仍须远家及血属,虑有恩情忽起,即非修持之行。"敦煌卷子伯3876《道教讲经文书》："譬如世间百姓,有男女出家,久居生缘,不在观寺,在于世间,专作非违,不能为众生转读经典,众生为此,见亦不信,遂即生厌贱,令众生普皆不信。"因知彼教反对出家者"久居生缘"。梵志诗的"乞就生缘活",即是为此而发也。

○二四首的"生缘",释为"家乡",不尽妥帖,应为亲人之义。唐释道宣《四分律删繁补阙行事抄》下一："八入所亲白衣，《萨婆多》：灭摈比丘死，将衣钵付生缘（原注：以生不同财法）。"说的是被摈斥除名的和尚死后，将其遗物交付给他的亲属。"生缘"即指上文的"所亲白衣"，亦即在俗的亲人。梵志诗〇二四首写尼姑们"不采生缘瘦，唯愿当身肥"，"不采"即不睬，"当身"即自身，如李白《少年行》："遮莫亲姻连帝城，不如当身自簪缨。"《敦煌变文集·董永变文》："家里贫穷无钱物，所买（卖）当身殡耶娘。""生缘"与"当身"对举，意谓这些尼姑们只图自身享受，不顾亲人寒饥，实寓有批判之意，和〇二二首对道姑的同情形成了对此。

"生缘"何以会有家乡、亲人等义呢？原来，"生缘"本是佛教术语。按照佛教的说法，人命终后转生之前，还有一个阶段叫"中阴"，也叫"中有"。其间以七日为一期，寻求生缘，倘得生缘，即可投生。最多至七七四十九日止，必得转生。玄奘译《瑜伽师地论》卷一，《本地分中意地第二之一》："又此中有，若未得生缘，极七日住。有得生缘，即不决定。若极七日，未得生缘，死而复生，极七日住。如是展转，未得生缘，乃至七七日住。自此以后，决得生缘。"这里的"生缘"，也可以用通俗的语言表示为"投生之处"。把"投生之处"具体化，便是籍贯或家乡。倘若把范围再缩小，便是家庭或亲人（家庭由亲人组成）了。因此，"生缘"的籍贯、家乡义和家庭、亲人义，只是范围大小之分，有时很难截然区别。〇二二首的"生缘"，倘若释为家庭或亲人，亦无不可。佛教自传入中土以后，影响逐渐深入到广大的人民群众，因此有不少佛教的术语转化成民间的俗语，"生缘"便是其中之一。

颉颃、解须、楷赤

○二七首："钱多早发遣，物少被颉颃。解须除却名，楷赤将头放。"这里的"颉颃""解须""楷赤"都颇为费解。

《校辑》校记云："颉颃：谓遭到傲视刁难。"没有举出例证，当是根据文意猜测的。其中"傲视"猜错了，"刁难"猜对了。这里举两条例证。唐张鷟《龙筋凤髓判》卷三《左右监门卫》第二则，判由："将军鲁庆，诸州租调多被欺，贿赂入己，始为门牒，船车壅滞，进退无由。"判词："岂得不遵公法，直纵私求，故作踌躅，专为颉颃。鹤绫不入，遂高卧而闲闲；凫锣忽来，即倾身而急急。"《文苑英华》卷五三〇阙名《行人供滥物判》："官市纳帙，行人将滥物供，所由拣退。云被颉颃，不伏却领。"对："物既不任供官，退亦何成颉颃？"以上"颉颃"皆为刁难之义。梵志诗"钱多早发遣，物少被颉颃"，亦谓贿赂多者早打发，贿赂少者被留难也。

至于"解须"则不可解。《校辑》校记云："原作'解□'，据乙二本补。"今检原本（伯3211）、乙二本（斯5441）照片，原文皆作"解写"，良是。"解写"即"解卸"，"写"与"卸"通，如《敦煌遗书总目索引》载《斯坦因劫经录》一四四至一四五《鹿儿赞文》："国王闻此语，便即写（卸）了弦，弓作莲花树，箭作莲花枝。"即"写""卸"通用之例。"解卸"亦作"解谢"，《太平御览》卷六四二引《异苑》："建康陵欣，景平中死于扬州，作部克辰当葬。作部督梦欣云：'今为狱公姥祖夕有期，莫由自反，劳君解谢，今得放免。'"按"解卸"之义，随文略异。《敦煌变文集·燕子赋》："但雀儿只缘脑子避难，暂时流连燕舍。既见空闲，暂歇解卸。""解卸"指脱下衣装等。上引《异苑》的"解谢（卸）"，为解脱之义。梵志诗的"解写（卸）"，为解除之义，"解卸除却名"谓解职除名也。

至于"楷赤将头放"，或以为"'楷赤'应视为象声词'喀哧'的误写，句言少行贿就必然'喀哧'一声把头砍掉"。① 亦属猜测之论。"楷赤"当作"揩赤"，敦煌写本中，偏旁扌与偏旁木往往不分。"揩"为涂抹之义，《太平广记》卷三二九《杨玚》（出《广异记》）："（鬼）相语曰：'杨长官事，焉得不尽心耶？'久之，谓玚：'君对坊杨锡，亦有才干，今揩王作金以取彼。'"又卷三四一《李俊》（出《续玄怪录》）："复授笔，使俊自注。从上有故太子少师李夷简名，俊欲揩之，客遽曰：'不可，此人禄重，未易动也。'又其下有李温名，客曰：'可矣。'乃揩去温字，注俊字。"即是其例。"揩赤"者，谓以朱笔抹去簿书中的名字。盖古人于文簿记录，凡表示了结，辄加涂抹或勾点，称为"朱勾"，或称"朱笔点头"，或称"点抹"，或只称"勾"，皆与此处"揩赤"类似。如颜师古《匡谬正俗》卷八《句钩》："簿领之法，恐其事有枉曲，月日稽延，故别置主簿录事，专知覆检。其讫了者，即以朱笔钩之。"《太平广记》卷一一五《张法义》（出《法苑珠林》）："官曰：'将张法义过录事。'录事署发文书，令送付判官，召主典，簿盈一床。主典对法义前披检云：'其簿多先朱勾毕，有未勾者即录之。'……'张法义是贫道弟子，其罪忏悔灭除尽，天曹案中已勾毕，今枉追来，不合死。'主典云：'经忏悔者，此案勾了。至如张目骂父，虽蒙忏悔，事未勾了。'"又卷一八六《裴

---

① 见《王梵志诗校注辨正》，《中国语文》1985年第6期。

光庭》(出《唐会要》):"侍中裴光庭每过官,应批退者,但对众披簿,朱笔点头而已。"又卷一九八《唐德宗》(出《杜阳杂编》):"上试制科于宣政殿,或有乖谬者即浓墨点抹之,或称旨者翘首朗吟。"又卷二一〇《顾恺之》(出《名画记》):"兴宁中,瓦棺寺初置僧众,设刹会请朝贤士庶,宣疏募缘。时士大夫莫有过十万者,长康独注百万。长康素贫,众以为大言。后寺僧请勾疏。""勾疏"谓兑现捐款,盖赒钱交付之后,即于疏簿中勾去名字,表示了结。《敦煌变文集·长兴四年中兴殿应圣节讲经文》:"几家欢乐梦先成,欠负官勿(钱)勾却名。"亦谓放免官债。梵志诗之"揩赤"承上句"解卸除却名"而言,谓以朱笔从名簿中涂却名字,以示解除佐史职务。"将头放"者,犹云"将身放",谓放令归家,并非是"把头砍掉"。此处"头"即身之义,如《后汉书·贾逵传》:"身长八尺二寸,诸儒为之语曰'问事不休贾长头'。""贾长头"之绰号,言其身长,非谓头长。傅玄《苦相篇》:"长大逃深室,藏头羞见人。""藏头"即藏身。《敦煌变文集·燕子赋》:"迁延不去,望得脱头。""脱头"即脱身。又一篇:"黠儿别设诮,转急且抽头。""抽头"即抽身。《校辑》〇六〇首:"我今避头去,抛却空闲舍。""避头"即避身。因而梵志诗"解卸除却名,揩赤把头放"两句,是说对付这类佐史的办法,应该把他们撤职除名,赶回家去。

便　贷

二二五二首:"父母生儿身,衣食养儿德。暂托寄出来,欲似便相贷。"《校辑》校记云:"便相贷,原作'相便藏',据文义改。"按"藏"字为"贷"字形讹（原本实作"贷"），〇三〇首："在县用钱多，从吾相便贷。"正有"相便贷"之语，可证二五二首原文"相便藏（贷）"不误，校辑者不知"便贷"为词，遂以不误为误了。

"便贷"为借贷之义，亦作"贷便"，如中国科学院历史研究所资料室编《敦煌资料》第一辑载《诸寺户请贷麦种牒六件·李庭秀等牒》："右庭秀等并头下人户，家无著积，种莳当时，春无下子之功，秋乃凭何依托？今人户等各请贷便，用济时难。"按"便贷"或"贷便"为同义连文，"便"即借贷之义，此义虽不载于字书，然而敦煌借贷文书屡见，如《斯坦因劫经录》6829四《悉董萨部落百姓张和子便麦契》："卯年四月一日悉董萨部百姓张和子，为无种子，今于永康寺常住处，取楲蓠价，便麦壹番驮。"《敦煌资料》第一辑《未年张国清便麦契》："未年四月五日，张国清遂于□□处便麦叁蕃升。"又《酉年曹茂晟便豆契》："酉年三月一日下部落百姓曹茂晟为无种子，遂于僧海清处便豆壹硕捌斗。"皆是其例。至于"便贷"的"贷"则通作"贳"。《说文》："贷，施也，从贝代声。"又："贳，从人求物也，从贝弋声。"段注："代弋同声，古无去入之别。求人施人，古无贳贷之分。由贳字或作贷，因分其义，又分其声。如求人曰乞，给人之求亦曰乞，今分去讫、去既二音。又如假、借二字，皆为求者、予者之通名，唐人亦有求读上、入，予读两去之说，古皆未必有是。贳别为贷，又以改窜许书，尤为异耳。经史内贳贷杂出，恐皆俗人增人旁。蝕字《经典释文》《五经文字》皆作蝕，俗作蚀，亦其证也。《周礼·泉府》'凡民之贷者'，注云'贷者，谓从官借本贾也'。《广韵》廿五德云'贳，谓从官借本贾也'。其所据《周礼》正作贳。而《周礼》注中借者、予者同用一字，《释文》别其音，亦可知本无二字矣。"按段说极精。"贳""贷"二字既分之后,音义皆有别,而古书不乏"贷"作"责"之例。《庄子·外物》:"庄周家贫,故往贷粟于监河侯。监河侯曰:'诺。我将得邑金,将贷子二百金,可乎?'"陆德明释文:"'贷粟'音特,或一音他得反。'将贷'音他代反。""贷粟"之"贷"即梵志诗"便贷"之"贷"。《初学记》卷一八引曹操《谣俗辞》:"友来从我贷,不知何以应。"《太平御览》卷四一一引刘向《孝子传》:"前汉董永……父亡,无以葬,乃从人贷钱一万。"《华阳国志·巴志》:"思往从邻贷,邻人言已匮。钱钱何难得,令我独憔悴。"凡"贷"字皆读作"贳",与"便贷"之"贷"同。此字音特,故梵志诗○三○首"贷"与"得""勒"为韵,二五二首"贷"与"德""贼""得""北""识"为韵(皆属入声德韵,唯"职"字属入声职韵,则德、职同用也)。

老 头

二六六首:"少年生夜乐,老头自受苦。"《校辑》校记:"夜乐,原作'平又',戊二本作'夜□',据文义改。"按"生夜乐"不可解,当作"生夜叉"。戊二本"夜"字是,原本"又"字是"叉"字形讹。"夜叉"这里比喻不孝子。

至于"老头",这里是"老时"之义,与"老人"之义有别。白居易《赠梦得》:"一愿世清平,二愿身强健,三愿临老头,数与君相见。"又《哭刘尚书梦得二首》之一:"同贫同病退闲日,一死一生临老头。"元稹《酬乐天重寄别》:"却报君侯听苦辞,老头抛我欲何之?武牢关外虽分手,不似如今衰白时。""老头"亦谓老时，即下文之"衰白时"。《敦煌资料》第一辑《孔员信分三子遗物凭据》："其三子不是不孝阿姨，只恐老头难活，全没衣食养命。"又《呈吴再昌养男契》："百姓吴再昌先世不种，获果不圆，今生孤养壹身，更无子息，忽至老头，无侍训养。"按"老头"的"头"是词尾，不为义，正和"长头"的"头"相同。《校辑》〇三九首："长头爱床坐，饱吃没婆肚。"二六三首："但愿长头醉，作伴唤刘伶。"二七二首："身上无衣挂，长头草里蹲。"《补全唐诗》樊铸《及第后读书院咏物十首·□□》："物情翻覆难可论，莫言权势长头存。"王建《织锦曲》："大女身为织锦户，名在县家供进簿。长头起样呈作官，闻道官家中苦难。"① 以上各例之"长头"，皆为长时之义，"头"亦为词尾，不为义，与"老头"的"头"相同。

去、追曲、五郡

二八八首："朝使来相过，设食因杯酌。四海同追曲，五郡相劝乐。"校记："朝使，原作'朝廷'，据文义改。按本诗又云'合去正身行，不容君字错'。似非朋友所为，故当作'朝使'。"或云："其实原本'朝廷'为妥，应从而不轻改。从事理说，征兵都是地方官吏作具体工作，绝不是由朝廷特派使者。"②

---

① 中国社会科学院文学研究所唐诗选注小组《唐诗选注》376页注释王建《织锦曲》云："长头：以有技巧的长上工为工头，叫长头。唐代织工每年须在官手工业作坊中作短期无偿服役二十天。满期后，如受人雇佣，继续代人服役，长期的叫长上工。"其说望文生义，亦由不知"长头"即长时之义。原诗是说织锦女花费了很长时间，精心织造了花样呈送给作坊官，却很难被官锦坊选中采用。
② 见《王梵志诗校注辨正》，《中国语文》1985年第6期。

按认为原本"朝廷"应从而不轻改的意见是正确的,"朝廷"为朋友之义,已见《敦煌变文字义通释》第一篇。至于"征兵"云云,则大谬而不然。错误的原因在于误解了下文"合去正身行,不由君字错"的含义,这却和《校辑》校记的错误相似。这里说的"去",就是指的"死",民间讳言人死,故或以"去"代之。如《校辑》〇〇一首:"张口哭他尸,不知身去急。"谓不知自己亦不久将死也。〇〇四首:"羊即辛苦死,人去无破伤。"谓人死可得完尸,与羊之受屠割不同。敦煌写本《禅数杂事》云:"师谓弟子无生:'我舍汝去!'去者谓绝命①。"《敦煌变文集·无常经讲经文》:"饶你子孙列满堂,去时只解空啼哭。""去时"即死时。宋王日休《龙舒增广净土文》卷一:"昼必有夜,必为夜备。暑必有寒,必为寒备。存必有去,必为去备。何谓夜备?灯烛床蓐。何谓寒备?衾裘炭薪。何谓去备?福慧净土。"皆是其例。又古人例以"生来""死去"连文,因遂以"来"代生,以"去"代死,这却没有避忌的意味。如《列子·天瑞》:"故生不知死,死不知生;来不知去,去不知来。"陶渊明《五月旦日和戴主簿》:"既来孰不去?人理固有终。"例多不备举。《校辑》〇二五首:"生即巧风吹,死须业道过。来去不相知,展脚阳坡卧。"正以"来去"指生死也。至于"合去正身行,不由君字错"("君"字或为"名"字形讹),提到"正身"等语,则是因为民间传说冥司勾取人命,亦须"验明正身",姓名不符者发还。如《朝野佥载》卷六:"天后朝,地官郎中周子恭忽然暴亡,见大帝于殿上坐,裴子仪侍立。子恭拜,问为谁,曰:'周子恭到。'帝曰:'我唤许子儒,何为错将子恭来?'即放去。"此外如《太平广记》卷三二二《唐邦》、卷

---

① 引自周一良《跋隋开皇写本禅数杂事残卷》,见《魏晋南北朝史论集》357页。

三五三《陈德遇》、卷三五四《僧惠进》、卷三八五《陈龟范》等，都记载了类似的故事。因此"合去"二句是说：该死就得自己去死，冥司是不准姓名有差错的。这确实和"征兵"之事风马牛不相及。

至于"四海同追曲，五郡相劝乐"二句，或云："今疑'曲'字是'趋'字误，'四海同追趋，五郡相劝乐'，是朋友诱骗要抓的人：'当了兵，你我都可同游五郡四海，享受欢乐。①'"这里对"追曲""四海""五郡"的理解都不确，对诗意的理解尤相悖。原文"追曲"当作"追游"，"曲"字为"由"字的形讹，而"由"字又为"游"字的音讹。《校辑》〇五三首"夜眠游鬼界"，校记："游，诸本作'由'，据文义改。"《敦煌变文集·伍子胥变文》："在道失路乃迷昏，不觉行由来至此。"徐震堮校："'由'疑当作'游'。"皆是"游"音讹作"由"之例，与此处正同。"追游"谓结伴游乐，与下句之"劝（按当作欢）乐"为对。韦应物《再游西郊渡》："水曲一追游，游人重怀恋。"又《金谷园歌》："嗣世衰微谁肯忧，二十四友日日空追游。追游讵可足，共惜年华促。"《太平广记》卷三五八《齐推女》（出《玄怪录》）："饮食男女，嗜欲追游，一切无异。"可见"追游"本是唐人习语。至于"同游五郡四海"云云，把"五郡"和"四海"都看作地理概念，则是不知作者在这里用了典故。《太平御览》卷三七二引萧广济《孝子传》："五郡孝子者，中山、常山、魏郡、钜鹿、赵国人也。少去乡里，孤无父母，相随于卫国，因结兄弟，长元重，次仲重，次叔仲，次季仲，次稚重。朝夕相事，财三千万。"又《稗海》本《搜神记》卷四："《世说》云：五郡之人，各是异财（按当作

---

① 见《王梵志诗校注辨正》，《中国语文》1985年第6期。

材），而逢丧乱。常山一人，安定一人，襄陵一人，博陵一人（按原脱一人），悉皆孤独，俱行卫国，同至树阴，因相问姓名，各言乱离状恻然。因相谓曰：'我等皆无骨肉，今日幸得聚会，亦天然也，可为兄弟已否？'众曰：'诺。'因结义为兄弟。"此处即以"五郡"为结义兄弟之代称。寒山诗："弟兄同五郡，父子本三州。"按父子兄弟，岂得各属五郡三州，盖亦指义父义子、金兰兄弟也。至若"四海"亦为异姓兄弟之代称，则出于《论语·颜渊》："四海之内，皆兄弟也。"而"五郡""四海"，又都指上文的"朝廷"，以言朋友义重，情同手足也。由此可知，"朋友诱骗要抓的人"云云，实在和作者的本意相距甚远。

隐

三一七首："梵志翻着袜，人皆道是错。乍可刺你眼，不可隐我脚。"《校辑》校记云："隐我脚：谓伤我脚。隐，伤痛也。《穀梁传·庄公四年》：'故隐而葬之。'晋范宁注：'隐，痛也。'"按范注之"痛"，谓中心哀痛，非谓皮肉之痛，施于此处殊未合。笔者昔日释此"隐"字仍为遮蔽之义，今日思之，亦属隔靴搔痒，应加更正。

"不可隐我脚"的"隐"，犹如北京话的"硌"。按照《现代汉语词典》的解释，"硌"是"触着凸起的东西觉得不舒服或受到损伤"，这也就是"隐"的释义。皇甫湜《石佛谷》："土僧何为者，老草毛发白。寝处容身龛，足膝隐成迹。"末句言土僧长期在龛中坐禅，以致足膝在硬地上硌出了坑迹。《宋朝事实类苑》卷六五引《倦游录》："曹琰郎中，滑稽之雄者。一日因食落一牙，戏作诗曰'昨朝饭里有粗砂,隐落翁翁一个牙。为报妻儿莫惆怅,见存足以养浑家'。""隐落牙"即硌掉牙。宋范镇《东斋记事》卷四:"又有赵昌者,汉州人,善画花。每晨朝露下时,绕栏槛谛玩,手中调彩色写之,自号'写生赵昌'。人谓赵昌画染成,不布彩色。验之者以手扪摸,不为彩色所隐,乃真昌所画也。"谓不觉得有彩色凸起碍手。宋释元照《四分律行事抄资持记》下二《释钵器篇》:"若手下六明带持,口外向者,律因比丘钵口向胁,道行遇雨,脚跌倒地,隐胁成患,佛言不应尔。"谓钵器硌伤胸肋。宋江休复《江邻几杂志》:"唐相李程子廓,从父过三亭渡,为小石隐足,痛以呼父。程云:'太华峰头,□□□仙人手迹;黄河滩里,争知有隐人脚跟。'""隐足"谓硌足,"隐人"则双关硌人及隐士二义。明李实《蜀语》:"有所碍曰隐。○隐,恩上声。《中朝故事》:异人王鮪赠宣州推事官一小囊,中如禅丸,令长结身边。昼寝,为弹丸所隐,胁下极痛,起就外视之,屋梁落碎榻矣。"这个"隐"字还保存在现代成都方言中,如硌脚叫"隐脚",硌牙叫"隐牙巴","隐"读作 ŋən,正是"恩上声",和《蜀语》所记吻合。

(原载《中国语文》1986年第4期)

《敦煌歌辞总编》佛教歌辞匡补举例

任半塘先生的巨著《敦煌歌辞总编》（上海古籍出版社1987年出版），收辞多达一千三百余首，合歌辞与理论于一编，是目前这一领域搜罗最广、用力最勤的总结性著作。今后一切研究敦煌曲的学者，相信都将以《总编》所达到的成就为立足点，由此出发去进行新的探索。

在《总编》所收录的全部歌辞中，佛教歌辞的数量占了一半以上，显示了《总编》的一个鲜明的特色。不过《总编》所收佛教歌辞，在收录的标准、文字的校订、义理的阐释等方面，还存在着许多值得商榷的问题。本文难以遍举，仅就不知佛教典故、不通佛教义理、不明佛教观念、不谙佛教用语等四个方面，选出三十个例子加以讨论，最后附带提出一个误解俗语的重要例子。至于对该书较全面的补正，则笔者另有长篇论文《敦煌歌辞总编匡补》做较详尽的讨论。

不知佛教典故

例一，《总编》卷二《证无为》（太子赞）〔〇三六三〕："阿蓝从城出。仙人速近前。"任氏校释："'蓝'原写'鉴'……'阿蓝'一称'阿罗逻，仙人'。佛出家始，就此人学。《涅槃经》二一：'夜半逾城，至郁陀迦阿罗逻大仙人所。'"（《总编》814 页，以下引文凡出自《总编》者，但标页码，不赘书名。）又〔〇三六五〕："好道变泥水。如来涌清泉。付法掩泥不将难。受记结因缘。"校释："首二句内'好道'俟校。'清'写'泥'，拟改。'付法'是佛身后事，'受记'或'授记'更是成佛以后之事，俱不能叙在出生之前，疑错简。……此首宜与'生死泥'说有关，见《俱舍论》一：'生死泥者，由彼生死，是诸众生沉溺处故，难可出故，所以譬泥。'《变文集》（517、518 页）《维摩诘经讲经文》内论之甚详。"（815 页）

楚按，任氏校说张冠李戴，郢书燕说，无一是处。〔〇三六三〕首原写"鉴"字非并"蓝"字之误，而是"监"字之误。"阿监"是宫女名称，白居易《长恨歌》："梨园弟子白发新，椒房阿监青娥老。"《太平广记》卷三一〇《张无颇》（出《传奇》）："遂令阿监二人，引入贵主院。"王建《宫词》："阿监两边相对立，遥闻索马一时回。"花蕊夫人《宫词》："阿监采菱牵锦缆，月面犹在画船中。"又："后宫阿监裹罗巾，出入经过苑囿频。"原文"仙人"也不是指阿罗逻仙人，而是释迦牟尼前身，即〔〇三六一〕所云"太子初学道，曾作忍辱仙"是也。〔〇三六五〕首所叙恰恰是释迦牟尼出生成佛以前的本生故事，并无"错简"之事。原文

"好道"不误,谓干燥平坦的道路。原写"泥"字亦不烦改作"清","涌泥泉"正是"好道变泥水"的原因。原文"付法"当作"布发","付"是"布"字音误,"法"则"发"字音误。"布发掩泥"是说把头发铺在泥泞的地上,以便践发通行。《大唐西域记》卷二《那揭罗曷国》:"编石特起,刻雕奇制,释迦菩萨值然灯佛敷鹿皮衣布发掩泥得受记处。"贯休《送卢舍人三首》之三,亦有"布发掩泥非一朝"之语。《汾阳无德禅师语录》卷上:"定光昔日记能仁,布发掩泥多劫僧。"《宋高僧传》卷七《后唐定州开元寺贞辩传》:"有妇人布发掩地,请辩蹈之。"显然也是摹仿"布发掩泥"故事以表明虔诚之心。

本组歌辞自〔〇三六一〕至〔〇三六五〕,以及〔〇三七四〕首,皆是连续歌咏一则著名的释迦牟尼前生故事,屡见于《太子瑞应本起经》《过去现在因果经》等等多种佛经。为便于比较,下面先列出这六首歌辞:

> 太子初学道。曾作忍辱仙。五百外道广遮拦。修道几经年。〔〇三六一〕
>
> 金钱不自用。买花献佛前。瓶中涌出五枝莲。仙人生喜欢。〔〇三六二〕
>
> 阿蓝(监)从城出。仙人速近前。买花设誓舍金钱。愿得宿因缘。〔〇三六三〕
>
> 将花供养佛。两枝在肘边。光明毫相照诸天。法雨润心田。〔〇三六四〕
>
> 好道变泥水。如来涌清(泥)泉。付法(布发)掩泥不将难。受记结因缘。〔〇三六五〕
>
> 不念买花日。奉献释迦前。买花设誓舍金钱。言约

过百年。〔〇三七四〕

下面再请看《过去现在因果经》卷一：

> 时诸外道，自共议言："今普光如来，出兴于世。"善慧仙人，闻斯语已，举体毛竖，心大欢喜，踊跃无量。便与外道，分别而去。外道问言："师何所趣？"答言："我今当往普光佛所，欲施供养。"……善慧即复问彼路人："汝知何处有诸名花？"答言："道士，灯照大王，击鼓唱令，国内名花，皆不得卖，悉以输王。"善慧闻已，心大懊恼，意犹不息，苦访花所。俄尔即遇王家青衣，密执七茎青莲花过，畏王制令，藏著瓶中。善慧至诚，感其莲花踊出瓶外。善慧遥见，即追呼曰："大姊且止，此花卖不？"青衣闻已，心大惊愕。……善慧又言："请以五百银钱，雇五茎耳。"青衣意疑：此花所直，不过数钱，而今男子，乃以银钱五百，求买五茎。即问之言："欲持此花，用作何等？"善慧答言："今有如来，出兴于世，灯照大王，请来入城，故须此花，欲以供养。大姊当知，诸佛如来，难可值遇，如优昙钵花，时乃一现。"青衣又问："供养如来，为求何等？"善慧答曰："为欲成就一切种智，度脱无量苦众生故。"尔时青衣，得闻此语，心自念言：今此男子，颜容端正，披鹿皮衣，才蔽形体，乃尔至诚，不惜钱宝。即语之曰："我今当以此花相与，愿我生生，常为君妻。"善慧答言："我修梵行，求无为道，不得相许生死之缘。"青衣即言："若得不从我此愿者，花不可得。"善慧又曰："汝若决定不与我花，

当从汝愿。"……尔时如来即授记已,犹见善慧,作仙人髻,披鹿皮衣。如来欲令舍此服仪,即便化地,以为污泥。善慧见佛应从此行,而地浊湿,心自念言:云何乃令千辐轮足,蹈此而过?即脱皮衣,以用布地,不足掩泥,仍又解发,亦以覆之。如来即便践之而度,因记之曰:"汝后得佛,当于五浊恶世,度诸天人,不以为难,必如我也。"

稍加比较,不难发现,歌辞中的"忍辱仙"和"仙人",就是经文中的善慧仙人(或译儒童菩萨等),亦即释迦牟尼前身,故玄觉《永嘉证道歌》云:"我佛得见然灯佛,多劫曾为忍辱仙。"歌辞中的"佛"和"如来",就是经文中的普光如来(或译然灯佛、锭光佛等)。歌辞中的"阿监",就是经文中的"王家青衣",亦即悉达太子夫人耶输陀罗的前身。至于把歌辞中的"泥"说成是和"生死泥"说有关,则更是牛头不对马嘴了。

例二,《总编》卷三《失调名》(须大拿太子度男女)〔〇三五〇〕:"罗睺一心成圣果。莫学五逆堕阿鼻。"校释:"'莫学'下乙衍'善皇'二字。"(793页)

楚按:乙本"善皇"二字并非衍文,但"皇"字是"星"字形误,当据补"善星"二字,作"莫学善星五逆堕阿鼻"。"善星"相传是佛为菩萨时的儿子,以生五逆恶念故,堕落阿鼻地狱。典出北本《涅槃经》卷三三:"善星比丘是佛菩萨时子。……善星比丘虽复读诵十二部经,获得四禅,乃至不解一偈一句之义,亲近恶友,退失四禅。失四禅已,生恶邪见,作如是说:'无佛无法,无有涅槃。沙门瞿昙善知相法,是故能得知他人心。'我于尔时,告善星言:'我所说法,初中后善,其言巧妙,字义真正,所说无杂,具足成就清净梵行。'善星比丘复作是言:'如来虽复为我说法,而我真实谓无因果。'善男子,汝若不信如是事者,善星比丘今者近在尼连禅河,可共往问。尔时如来即与迦叶往善星所。善星比丘遥见如来,见已即生恶邪之心,以恶心故,生身陷入,堕阿鼻狱。"玄觉《永嘉证道歌》亦云:"是则龙女顿成佛,非则善星生陷堕。"本辞所以提到"善星",是因为善星比丘和上句提到的"罗睺",都是佛在因地中为太子时的儿子,身份相似,所以须大拿太子以善星生陷地狱为例,以教诫儿女也。

例三,《总编》卷四《行路难》("无心律")〔〇七〇〇〕:"既得幸承慈父命。那更窥觎除粪行。"校释云:"末二句包含迦叶如何先修小乘,如何转入大乘,如何授记与传衣,使所谓'窥觎除粪行'获得正解。"(1202页)又云:"据上种种,可知佛将迦叶之粪扫衣,先自裁著,后又还付迦叶,再传弥勒……从此乃成正法相传之信物。众菩萨苟非修道具先者,不敢窥觎此衣也。辞所谓'除粪行',明指佛、迦叶、弥勒三人行,而调侃之耳。由此回看第五辞内'希承授记音'说,当益觉其不安详。迦叶既至最后身,方得成佛,究竟尚有何禅宗顿觉可以攀附?芳考云云,无非信口开河。"(1203页)

楚按:以"除粪行"与"粪扫衣"(袈裟)相联系,由此想像出佛菩萨正法相传之重大主题,虽可耸动听闻,同样难辞"信口开河"之咎,根源则在不知"除粪行"之出处,因骋奇想耳。本首中段亦云:"寄语恓惶穷子辈。入于父舍直来行。勿怖威严便自鄙。污泥之内乃生莲。"校释默焉无说。其实这段文字与此处"既得幸承慈父命"二句,皆是演绎著名的"穷子"故事,典出《妙法莲华经·信解品》,其文颇详悉可喜,兹删繁就简,略云:譬若有人,年既幼稚,舍父逃离,久住他国。年既长大,复加困穷，驰骋四方，以求衣食，遂到其父所居之城。父母念子，但自思惟，心怀悔恨，自念老朽，多有财物，金银珍宝，仓库盈溢，无有子息，一旦终没，财物散失，无所委付。穷子见父，有大力势，即怀恐怖，疾走而去。时富长者，于师子座，见子便识，心大欢喜。将欲诱引其子，而设方便，密遣二人，形色憔悴，无威德者："汝可诣彼，徐语穷子，此有作处，倍与汝直，雇汝除粪。"尔时穷子，先取其价，寻与除粪。其父见子，悯而怪之。即脱璎珞细软上服严饰之具，更若粗弊垢腻之衣，以方便故，得近其子，后复告言："咄男子，汝常此作，勿复余去，当加汝价。我如汝父，勿复忧虑。"尔时穷子，虽欣此意，犹故自谓客作贱人，由是之故，于二十年中，常令除粪。尔时长者有疾，自知将死不久。尔时穷子，即受教敕，领知众物、金银财宝，及诸库藏，而无希取一餐之意。然其所止，故在本处，下劣之心，亦未能舍。复经少时，父知子意，渐已通泰，成就大志，自鄙先心。临欲终时，而命其子，并会亲族、国王大臣、刹利居士，皆悉已集，即自宣言："诸君当知，此是我子，我实其父。今我所有一切财物，皆是子有。"穷子闻父此言，即大欢喜。世尊，大富长者则是如来，我等皆是佛子，而但乐小法，若我等有乐大之心，佛则为我说大乘法。今法王大宝，自然而至，如佛子所应得者，皆已得之。以上是《法华经》"穷子"故事大意。本辞"除粪行"云云，显然就是使用这个典故，以劝诱信徒立志勤求大法，与传法袈裟（粪扫衣）毫不相干。

例四，《总编》卷五释神会《五更转》（南宗定邪正）〔一〇三二〕："一坐还同八万劫。只为担麻不重金。"校释："'担麻不重金'出《智度论》九五，原云以金买草。意在物之贵贱，视用者所需而定，有时需麻，即不以金为贵。喻禅者存心禅定，坐万劫，

终于得麻亡金。"（1448 页）

楚按：《智度论》之"以金买（楚按原文作贸）草"，与本首之"担麻不重金"，显然有别，编者未能找准典故出处，故阐释自然会有偏差。"担麻不重金"事见《中阿含经》卷一六《蜱肆经》："犹如朋友二人，舍家治生，彼行道时，初见有麻，甚多无主。一人见已，便语伴曰：'今有此麻，甚多无主，我欲与汝共取自重，而担还归，可得资用。'便取重担。彼于道路，复见多有劫贝纱缕及劫贝衣，甚多无主；复见多银，亦无有主。一人见已，便弃麻担，取银自重。复于道路，见多金聚，而无有主。时担银人，语担麻者：'汝今当知，此金极多，而无有主。汝可舍麻，我舍银担，我欲与汝共取此金，重担而归，可得供用。'彼担麻者，语担银人：'我此麻担，已好装治，缚束已坚，从远担来，我不能舍。汝且自知，勿忧我也。'于是担银人强夺麻担，扑著于地，而抛坏之。彼担麻者，语担银人：'汝已如是抛坏我担，我此麻担缚束已坚，所来处远，我要自欲担此麻归，终不舍之。汝且自知，勿忧我也。'彼担银人，即舍银担，便自取金，重担而还。担金人归，父母遥见担金来归，见已叹曰：'善来贤子！快来贤子！汝因是金，快得生活，供养父母，供给妻子奴婢使人，复可布施沙门梵志，作福升上，善果善报，生天长寿。'彼担麻者，还归其家，父母遥见担麻来归，见已骂曰：'汝罪人来！无德人来！汝因此麻，不得生活、供养父母、供给妻子奴婢使人，又亦不得布施沙门及诸梵志、作福升上、善果善报、生天长寿。'当知蜱肆亦复如是，若汝此见欲取恚取怖取痴取终不舍者，汝便当受无量之恶，亦为众人之所憎恶。"《景德传灯录》卷三〇梁宝志和尚《十四科颂·断除不二》："恰似无智愚人，弃却真金担草。"寒山诗亦有"弃金却担草，谩他亦自谩"之语。本辞是神会阐发禅宗南宗理论之作，

"金"即指顿悟,"麻"即指渐修,故把"一坐还同八万劫"的打坐功夫指为"担麻弃金"的本末倒置之举。

例五,《总编》卷五《十二时》(劝凡夫)〔〇九四四〕:"食时辰。食时辰。六贼轮回不识珍。"校释:"'识'待校,疑乃'是'之'入派三声'。"(1353页)

楚按:原文"识"字不误,并非"是"字的"入派三声"。这里的"六贼"指见、闻、嗅、味、触、思等"六识",这里的"珍"即是宝珠,比喻佛性,"不识珍"句是说众生清净心识被六识蒙蔽,不能认识自身所具有的佛性。典出《妙法莲华经·五百弟子受记品》:"譬如贫穷人,往至亲友家。其家甚大富,具设诸肴馔。以无价宝珠,系著内衣里,默然而舍去,时卧不觉知。时人既已起,游行诣他国,求衣食自济,资生甚艰难。得少便为足,更不愿好者,不觉内衣里,有无价宝珠。与珠之亲友,后见此人贫,苦切责之已,示以所系珠。贫人见此珠,其心大欢喜,富有诸财物,五欲而自恣。我等亦如是,世尊于长夜,常悯见教化,令种无上报。我等无智故,不觉亦不知,得少涅槃力,自足不求余。今佛觉悟我,言非实灭度,得佛无上慧,甫乃为真灭。"本首之"珍",即是经文之"无价宝珠";"不识珍",比喻众生不悟自身所具之佛性也。

不通佛教义理

例六,《总编》卷五《十二时》("佛性成就")〔〇九六二〕:"欲除烦恼是菩提。则是火宅离生死。"校释:"'欲除'原写'若知',乃因下一首有'若知'二字而讹。'菩提'见〔〇三五四〕,

是智慧之道，如何能曰'若知烦恼是菩提'？"（1365页）

楚按：原写"若知"极是，编者勇于改字，盖知其浅而不知其深也。释教自有"烦恼即菩提"之义，乃彻悟之语，《诸法无行经》卷下："若求烦恼性，烦恼即是道。"按"道"即"菩提"之义译。智颢说《摩诃止观》卷一上引经言："烦恼即是菩提，菩提即是烦恼。"寒山诗："菩提即烦恼，尽令无有余。"《景德传灯录》卷三〇腾腾和尚《乐道歌》："烦恼即是菩提，净土生于泥粪。"敦煌本《坛经》："惠能大师曰'汝从彼来，应是细作'。志诚曰'未说时即是，说了即不是'。六祖言'烦恼即是菩提，亦复如是'。"又宗宝本《坛经·般若品》："善知识，凡夫即佛，烦恼即菩提。前念迷即凡夫，后念悟即佛。前念著境即烦恼，后念离境即菩提。"盖佛法真如，平等如一，本原无异。分别为烦恼、菩提种种，终非究竟之论。本首下句亦云"则是火宅离生死"，"火宅"亦犹"烦恼"，"离生死"亦犹"菩提"，"火宅离生死"即是"烦恼是菩提"也。

例七，《总编》卷五《五更转兼十二时》（"维摩托疾"）〔一〇八三〕："呵嗔原是大菩提。何须宴坐除烦恼。"校释："'呵'原写'贪'，拟改，详下文。'原'三本皆写'元'。"（1511页）又云："按'宴坐'是坐禅，入定，应有所为，非一般安坐。维摩于此曾连举宴坐所为者四义，其末为'不断烦恼，而入涅槃'，乃针对舍利弗在修行上之弱点，未断嗔恚余习而发。但舍利弗之名位已高，列在佛下之大菩提也（详〔〇三四五〕），因何尚有烦恼未除？林间之坐显然不合于道，非佛所印可，故被呵。此处'呵嗔'与下辞所有者同，上下辞意贯串。而原写'贪嗔'，显为书手之讹。"（1512页）

楚按：此段有两处可议。一、三本原写"元"字不误，"元来"之"元"字唐人皆作如此书，明人避忌元朝，始改书作"原"。沈德符《万历野获编补遗》卷一《年号别称》："尝见故老云：国初历日，自洪武以前，俱书本年支干，不用元旧号。又贸易文契，如吴元年、洪武元年，俱以原字代元字，盖又民间追恨蒙古，不欲书其国号。"顾炎武《日知录》卷三二《元》："元者，本也。本官曰元官，本籍曰元籍，本来曰元来，唐宋人多此语，后人以'原'字代之，不知何解。……或以为洪武中臣下有称元任官，嫌于元朝之官，故改此字。"而《总编》凡遇此等"元"字，皆改为"原"字，失去唐人面目，亟应回改。二、至于原写"贪嗔"，并非书手之讹；改为"呵嗔"，却是编者之误，根源则在于编者对《维摩诘经》经文理解完全错误。维摩所云"不断烦恼，而入涅槃"等义，并不是批判"舍利弗在修行上之弱点，未断贪嗔余习"，而恰恰是正面提出维摩自己的见解，即纵然不断烦恼，也可进入涅槃境界。这种见解按照常理似乎是自相矛盾的，然而这正是维摩诘高超深邃、与众不同之处。拘于常理的舍利弗闻所未闻，只能无言答对、甘拜下风，因而自感不任问疾了。原写"贪嗔元是大菩提"和经文"不断烦恼而入涅槃"的意思相同，"贪嗔"也就是"烦恼"，"大菩提"也就是"涅槃"。既然不断烦恼也能进入涅槃，那么坐禅以除烦恼便是不必要的事，所以下句接云"何须宴坐除烦恼"，便是顺理成章的了。《诸法无行经》卷下："贪欲与菩提，是一而非二，皆如一法门，平等无有异。"《景德传灯录》卷二九宝志和尚《十四科颂·断除不二》亦有"五欲贪嗔是佛"之语，也就是"贪嗔元是大菩提"的意思。试看《维摩诘经·方便品》载维摩诘"虽为白衣，奉持沙门清净律行；虽处居家，不著三界；示有妻子，常修梵行；现有眷属，常乐远离；虽服宝饰，而以相好严身；虽复饮食，而以禅悦为味；若至博弈戏处，辄以度人；受诸异道，不毁正信；虽明世典，常乐佛法"。这种外示贪嗔而内实无染的看似矛盾的生活态度，正可作为他"不断烦恼而入涅槃"，亦即"贪嗔元是大菩提"思想的注脚。

例八，《总编》卷五《五更转》（假托"禅师各转"）〔一〇一一〕："未识心时除妄想。只此妄想本来真。"校释："妄、不妄，以心识为界；识本心后以为妄者，方是真妄；未识本心时亦有所妄，反而是真。"（1416页）

楚按：编者对原文的理解是错误的。作者本意认为，真和妄原无区别，也就是下首说的"真妄元来同一体"。《景德传灯录》卷二九宝志和尚《十四科颂·真俗不二》亦云："真妄本来不二，凡夫弃妄觅道。"因此本首"未识心时"二句是说，未识心性的人想要除却妄想，却不知道这个妄想原本就是真如。这正是发挥"真妄不二"的思想。校释之说与此相反，以心识作为划分妄与不妄的分界，目的在于区别真正的"真"和真正的"妄"，则仍未领悟"真妄不二"的妙谛，而落入作者所批判的"未识心时"的境界矣。

例九，《总编》卷五《五更转》（南宗赞）〔一〇二五〕："行住坐卧常作意。则知四大是佛堂。"校释："下片谓从自身之行、住、坐、卧中求佛，将佛堂扩大到四大界（见〔〇四七八〕），承认人当参加自然，创造物质，有唯物思想，尤可贵！"（1433页）

楚按：校释所云"从自身之行、住、坐、卧中求佛"，即是向自身求佛。"四大"这里即指人身，因为佛教认为人身即由地水火风等"四大"因缘假合而成，本非实有。《法门名义集》："四大，地水火风是也，和合成身。地者骨肉形体也，水者血髓润也，火者温暖也，风者出入息也。"《维摩诘经讲经文》："问我身，是四大，假合因缘作依赖。究竟推寻总是真（假），人我既空无主宰。"

(《变文集》，610页）因此"四大是佛堂"即佛在学人自身之中，也就是本首上片所说的"如来智慧心（《总编》误改为化）中藏"和"自身本是佛"。这仍然是在发挥禅宗"即身是佛""即心是佛"的主观唯心主义思想，谈不上什么"参加自然，创造物质，有唯物思想"。编者所以有此误会，是由于忘记了这里的"四大"是指人身，而误认为是指地水火风等自然物质"四大界"了。

例十，《总编》卷五释悟真《百岁篇》（"一生身"）〔〇九三二〕："学缀五言题四句。务存篇叶一生身。"校释："'篇叶'原写'计'。"（1341页）

楚按：原写"遍"即"遍"字，改"遍计"为"篇叶"，毫无根据。"遍计"是佛教唯识宗所说的虚妄认识，即"遍计所执"，谓众生由于妄想作用，对宇宙万物周遍计度，产生种种分别之相，并用名词各加以区别，因而误认为万物实有，实际上是以无为有，并非实有。唯识宗的说法如此。《成唯识论》卷八："由彼彼遍计，遍计种种物，此遍计所执，自性无所有。……论曰：周遍计度，故名遍计。品类众多，说为彼彼。谓能遍计虚妄分别，即由彼彼虚妄分别遍计种种所遍计物。"又："遍计所执，随名横计，体非实有，假立义名。"敦煌本傅大士《金刚经颂》："遍计虚分别，由来假立名，若了依他起，无别有圆成。"《维摩碎金》亦云："执我执人缘甚事？都缘遍计忘（妄）心生。"（《敦煌变文论文录》，849页）本首的"务存遍计一生身"，是说盛年耽迷读书缀文之事，皆属遍计妄心，徒劳无益。这是作者悟真晚年自我反省的话。若改作"篇叶"，则似矜夸读书缀文了，与作者原意正好相反，恐悟真在地下也不会认可的。

不明佛教观念

例十一，《总编》卷四《抛暗号》（调名本意）〔〇六七八〕："慢佛僧。轻神道。争使这身久安乐。直须折得形骸鬼不如。犹不悟无常抛暗号。"校释："（原本）'久安'写'人爱'。"（1128页）

楚按：原本写"人爱"不误。"人爱乐"谓保持青春容貌，故人爱乐之，与下句"形骸鬼不如"相对比。《维摩诘经讲经文》有云："直心人，不草草，到处能令人爱乐。"（《变文集》，615页）正有"人爱乐"之语。编者误改原文，盖由于不知佛教因果观念，认为轻慢佛僧，将招致丑陋之报。《佛说业报差别经》："须有十业，能令众生得丑陋报。……六者于贤圣所生不恭敬。"敦煌变文《丑女缘起》通篇即是阐发此义，如云："轻慢圣贤之业，感得面皃（貌）丑陋。"又："毁谤阿罗叹（汉）果业，致令人貌不周旋，两脚出来如露柱，一双可（胳）膊似粗橼。"（《变文集》，800页）本首"慢佛僧，轻神道，争使这身人爱乐"。是说轻慢佛僧神道，将受丑陋之报，怎能令人见而爱乐之？言必不如此也。

例十二，《总编》卷三释贯休《失调名》（赞念《法华经》僧）："桑田变海骨为尘，相看长似红莲色。"（954页）校释："辞后七言末句内脱'看'字，兹拟补，俟订。"（955页）

楚按：拟补"看"字非是，"相看"何以会似"红莲色"？殊不可解。其实此句所脱之字不是"看"字，应是"舌"字，此字应在句首，作"舌相长似红莲色"。"舌相"即是舌，佛教亦称"舌根"。《佛说阿弥陀经讲经文》："虚诳能招恶业因，来生舌相不团圆。"(《变文集》,469页）佛教相传信徒诵念《法华经》极其虔诚勤苦者，死后舌根不化，色如红莲，长不腐朽。如《续高僧传》卷二八《志湛传》："齐武成世，并州东看山侧有人掘地，见一处土色黄白，与旁有异，寻见一物，状如两唇，其中有舌，鲜红赤色。以事奏闻，帝问诸道人，无能知者。沙门大统法上奏曰：'此持《法华》者六根不坏报耳，诵满千遍，其征验乎？'乃敕中书舍人高珍曰：'卿是信向之人，自往看之，必有灵异，宜迁置净所，设斋供养。'珍奉敕至彼，集诸持《法华》沙门，执炉洁斋，绕旋而叹曰：'菩萨涅槃，年代已远，像法流行，幸无谬者，请现感应。'才始发声，此之唇舌一时鼓动，虽无响声，而相似读诵，诸同见者莫不毛竖。"《宋高僧传》卷二三《洪真传》："师授《法华经》，随文生解，铠甲精进，伏其恚忿。或沾檀施，回面舍旃。诵《法华经》约一万部……当年无疾坐灭，经数日，颜貌如生。迁就荼毗，唯舌根不坏，益更鲜红。时众观之，叹希有事。"张读《宣室志》卷七："唐贞观中，有玉润山悟真寺僧，夜于蓝溪，忽闻有读《法华经》者，有声纤远。时星月迥临，四望数十里，阒然无睹，其僧惨然有惧。及至寺，具白其事于群僧。明夕，俱于蓝溪听之，果闻经声自地中发，于是以标表其所。明日穷表下，得一颅骨在积壤中，其骨槁然，独唇吻与舌鲜而且润。遂持归寺，乃以石函致于千佛殿西轩下。自是每夕有读《法华经》声在石函内，长安士女观者千数。"白居易曾将此事写入诗中，《游悟真寺诗》云："经成号圣僧，弟子名杨难，诵此《莲华》偈，数满百亿千。身坏舌不坏，舌根如红莲。颅骨今不见，石函尚存焉。"白诗的"舌根如红莲"，即是本辞的"舌相长似红莲色"也。

例十三，《总编》卷六《十二时》（普劝四众依教修行）〔一三〇四〕："曩生曾早结缘来。此时方得相逢遇。"校释："后二句

谓前生曾布施，结善缘，今生方有好遇。"（1652页）

楚按：以"好遇"解释原文之"相逢遇"，殊非歌辞本意。这一段是针对亲缘关系而说的，佛教认为亲缘关系并非偶然，由于前生结下缘分，今生方得彼此生为眷属。《敦煌资料》第一辑《分家遗嘱样文》（斯0343）："吾与汝儿子孙侄家眷等，宿缘之会，今为骨肉之亲。"所云"宿缘之会"即是本首的"曩生曾早结缘来"，所云"今为骨肉之亲"即是本首的"此时方得相逢遇"，谓相遇合而成为亲属也。

例十四，《总编》卷三《求因果》（"修善"）〔○四一一〕："无福之人被弃遗。未有出缘期。"校释："（原本）'弃'写'叀'。'随'疑是'遗'，待校。"（873页）

楚按：原写"叀"字并非"弃"字，而是"叶"（葉）字，盖"世"字或体作"吉"，此处即以"吉"代"叶"（葉）字中间的"世"，而这个"叶"字又是"业"字的借字。"遗"字原卷写"随"，校记疑是"遗"，而正文径改为"遗"，其实原卷"随"字是正确的，此句应作"无福之人被业随"。佛教因果报应观念认为，罪福果报皆由业因决定。"无福之人被业随"二句是说，无福之人被所作恶业缠缚，无法摆脱，因而永无脱离生死苦海之期。《景德传灯录》卷二九梁宝志和尚《大乘赞十首》之一："生死业常随身，黑暗狱中未晓。"敦煌遗书伯3445佚名《谒法门寺真身》："纵饶心稍转，又被业追随。"《总编》〔○九五一〕首："善因恶业自相随，临渴掘井终难悔。"说的也都是这个意思。

例十五，《总编》卷五《十二时》（法体）〔○九九六〕："不如闻早学修行。一宝之身不空去。"校释："甲本写：'……一保之身莫空去。'……（乙本）末句'保'写'报'……（丙本）'宝'写'报'。"（1403页）"'一宝'谓人是有心灵之动物，人之心灵乃宇宙间之一宝，见僧肇《宝藏论》。凡夫之身亦怀此宝，不应枉生枉死，写'保'或'报'，皆'宝'之省。"（1404页）

楚按：各本不见"宝"字，《总编》校说并误。此字应从乙本作"报"，丙本"报"乃"报"字形误，甲本"保"乃"报"之音误。佛教因果报应观念认为，人生寿命亦是果报之一种，故亦称为"报"，如《续高僧传》卷二三《释静霭传》："此报一罢，四大凋零。"《景德传灯录》卷四《鸟窠道林禅师》："师于长庆四年二月十日，告侍者曰：'吾今报尽。'言讫坐亡。"《大唐西域记》卷三《迦湿弥罗国》云："吾今为汝说本因缘：此身之前报受象身，在东印度，居王内厩。"《五灯会元》卷一《二十四祖师子尊者》："吾前报为僧，有童子名婆舍，吾尝赴西海斋，受觐珠付之，今还吾珠，理固然矣。""前报"即前生。而一生寿命即一期果报，故亦以"一报"指一生寿命，如《地藏菩萨本愿经》卷中："是善女人，尽此一报女身，百千万劫，更不生有女人世界。"《宋高僧传》卷一四《怀素传》："于本寺别院忽示疾，力且薾然，告秀章曰：'余律行多缺，一报将终。'时空中有天乐浏亮，奋然而逝。"又卷二六《代病师传》："以其尝发大愿，尽一报代众生之病，致本名不显矣。"宋释延寿《警世》："一报之内，如石火风灯，瞬息而已。于中少夭非横殂者，不计其数。或有得天年，寿极耳顺，万中无一。"《全唐诗》八五九吕岩《渔父词·作甚物》："年不永，代君惊，一报身终那里生。"吕岩虽是著名的道教人物，但"一报"的观念来自佛教，而非道教本有者。本首"不如闻早学修行，一报之身莫空去"二句，是劝诫世人及早修行，以为来生之地，切莫虚度此生也。

例十六，《总编》卷二《失调名》（"一室空"）〔〇一二五〕："五蕴山，山中一室空，来来去去不相逢。一生身，任舍住，至今不识主人翁。"校释:"'一生身'原写'一生生',据《维摩诘经讲经文》改,详〔〇九三九〕后所校。末字不辨,从刘目补'翁',俟校。"(512页)

楚按:首二句应作"五蕴山中一室空"一句,末字原卷实是"公"字。这里着重讨论"一生身",其实原写"一生生"极确,改作"一生身"反倒错了。"一生生"即一生又一生,说的是佛教的"多生"观念,辞中正用此义。要加证明,先需解释本辞大意。校释云:"'五蕴'指色、受、想、行、识五种聚集。色蕴乃物质,在身;余四蕴乃对物所有之精神作用,均在心。合二者乃完成一有情世界。譬之以'山''宅''室''舍',皆指具备五蕴之小世界,听人去止住或离易,来来去去不分主客。佛家认识如此。"(512页)按这里阐发本辞义蕴尚未透彻。佛教认为人身是由五蕴聚会而成,《毗婆尸佛经》卷上:"五蕴幻身,四相迁变。"本辞所说的"五蕴山中一室空",这个"室"指的就是人的躯体。以房室屋舍来比喻人的躯体,佛经习见,如《佛说七女经》记七女于冢间观死尸,第七女曰:"一身独居,人出,去其舍,舍中空,无有守者,今舍曰败坏。"盖躯体为神性(灵魂)的居所,亦犹房室为住客的居所,神性入室则躯体生,灵魂去舍则躯体死。佛教又主张转世之说,认为生死轮回,而神性不灭。本首第二句"来来去去不相逢",正是说的神性入室去室、来去不已的过程,亦即生生死死转换不已的过程,所以才接着说"一生生",即生生世世。如果改成"一生身",限定在一生之内,则和作者原意大相径庭,全辞意蕴也隐晦难彰了。

不谙佛教用语

例十七,《总编》卷三《无相珠》(调名本意)〔〇四五三〕:"奉劝人。勤念珠。念珠非有亦非无。"校释:"首句'劝'下衍'缘'字。刘目合二句作七言一句,敢问'缘人'有解否?且破坏全组通格,兹故删'缘',仍以三言二句起。"(928页)

楚按:刘目作"奉劝缘人勤念珠"一句是。"缘人"有解,乃佛教用语,谓有缘分之人。如《维摩诘经讲经文》:"诸缘人,各有故,问得遍曾遭触忤(忤)。"(《变文集》,602页)敦煌写本斯4472号载圆鉴大师云辩撰《左街僧录与缘人遗书》:"比冀常敷胜义,永诱缘人。"至于说原有"缘"字破坏了"全组通格",则更没有道理。其实本辞是一首长篇佛教诗偈,本来并不存在"全组通格",就连是否"歌辞"亦大成问题。编者主观设想了"全组通格",并据此对原文加以多处改制(强删"缘"字只是其中一例),恐难辞"削足适履"之咎。

例十八,《总编》卷三《空无主》(调名本意)〔〇四八一〕:"五欲减水恒浇灌。无始已来常涸燥。"校释:"'减水'待校。"(961页)

楚按:"减"当作"碱","碱水"能令土地涸燥不毛,故这里用以譬喻"五欲"能灭清净心识。《百喻经》卷二《饮木筒水喻》:"世间之人亦复如是,为生死渴爱,饮五欲碱水。"《大宝积经》卷九:"贪欲无厌,犹饮碱水。"《增壹阿含经》卷四三:"欲还自害,如蚊怀毒;欲无厌患,如饮碱水。"《父子合集经》卷一三:"愚痴著欲者,如渴饮碱水。"亦作"醎水",《大般涅槃经》

(北本)卷十三:"是诸外道,患烦恼渴,而复反饮诸欲醎水。"

例十九,《总编》卷三《三归依》(调名本意)〔○四八九〕:"归依僧。手把数珠持课。"校释:"事态明明是民众为僧佛之'衣食父母',僧佛应以民众为宝,而归依之。今乃颠之倒之,反骗民众以佛僧为宝,岂不令人齿冷!……下文述'宋赞'中曾引王安石《归依三宝赞》,独改'归依僧'为'归依众',一字破的,大义端庄;而惜其尚未发挥此字之内容。"(968页)

楚按:校释所论,诚然大义端庄,惜乎此义并非王安石所能喻,王《赞》所云"归依众"者,实际上与"归依僧"是一回事,并无区别。"众"即僧也,凡僧徒四人以上,即称为"众"。《大智度论》卷三:"云何名僧伽?僧伽,秦言众。多比丘一处和合,是名僧伽。"智顗说《妙法莲华经文句》卷一上:"众者,天竺云僧伽,此翻和合众。一人不名和合,四人以上乃名和合。"而校释下文又称王辞"首章内虽已改'归依僧'为'归依众',在义理上有'石破天惊'之概,上文已褒之。惜通首文字中并未表出一毫'归众'之美,仍曰'十方贤圣不相离',则首句中之'众'字究系何人所改?是问题矣"。(969页)按"众"字即王安石原文,并无问题。倘以"众"为"民众",则通首文字确乎并未表出一毫"归众"之美;倘知"众"即是"僧",则通首文字是说"归众"之美,尚何疑乎?

例二十,《总编》卷五《五更转》(无相)(一○三八):"了见色空圆净体。澄如戒月莹晴天。"校释:"'戒月'应指'佛月',以月譬佛之光明,俟考。"(1457页)

楚按:"戒月"并非譬佛之光明,而是比喻戒行圆满无缺,犹如满月。《增壹阿含经》卷八:"月初生时,随所经过日夜,光明渐增,稍稍盛满,便于十五日具足盛满,一切众生靡不见者。如是婆罗门共善知识，经历日夜，增益信戒闻施智慧。彼以增益信戒闻施智慧，尔时善知识身坏命终，生天上善处。是故婆罗门，我今说此善知识所趣，犹月盛满。"《日喻经》："应戒比丘，以皎月圆满为戒行。"李白《僧伽歌》："戒得天边秋月明，心如世上青莲色。"《佛说阿弥陀经讲经文》："戒似天边秋夜月，防非止恶要精持。"（《变文集》，453页）敦煌遗书伯4640唐僧统《翟家碑》："我僧统兮德弥天，戒月明兮定慧圆。"

例二十一，《总编》卷五《五更转》（假托"禅师各转"）〔一〇一六〕："念念精进须向前，菩提烦恼难了解。"校释："末'了解'二字原与下辞之首二字合，原写'撩乙简乙'，乃'撩简'之复文。丙本写'撩简'……佛书内用'料简'曰：'言于义理，量裁简别也，为"解释"之异名。'《大部补注》曰：''料'者，理也，量也，'简'与'拣'同。'按其说近于望文生义。实则'料简''撩简''撩简'均'了解'之音异耳。"（1419页）

楚按：《大部补注》之说不误，此语正体作"料简"，拣择、甄别之义，并非"了解"之音异。校释引《后汉书》一〇八《吕强传》："强欲先诛左右贪浊者，大赦党人，料简刺史二千石之能否。"即甄别刺史二千石之能力强弱。玄觉《禅宗永嘉集·奢摩他颂》："若一念相应之时，须识六种料简：一识病，二识药，三识对治，四识过生，五识是非，六识正助。"所谓"六种料简"者，即指六种拣别，如下文云"第一病者有二种，一缘虑，二无记"，"第二药者亦有二种，一寂寂，二惺惺"，如此等等。敦煌本神会《菩提达摩南宗定是非论一卷》："普寂禅师与南宗有别。我自料简是非，定其宗旨。"《宋高僧传》卷三论曰："既云西土有梵有胡，何不南北区分，是非料简？"是知本首"菩提烦恼难料简"者，即菩提烦恼难区别，亦即〔○九六二〕首"烦恼是菩提"之意。同样,下首〔一〇一七〕首句"了解烦恼是痴人"也应作"料简烦恼是痴人"。

例二十二,《总编》卷三《行路难》("共住修道")〔〇五〇一〕:"离散各不相知。合即五家共一。既知自身状迹。何处更有亲戚。"校释云:"第五、六句二本均颠倒,乃失一韵,饶编仍之。末二字二本同写'诸亲',又失韵,故订为'亲戚',保存六言,俟校。……'五家共一'见《智度论》一三:'勤苦求财,五家所共。若王,若贼,若火,若水,若不爱子用,乃至藏埋,亦失。'辞内已提出'水火'。〔〇六九二〕亦见五家。"(994—995页)

楚按:此段有三处可议。一、校释对"五家共一"的解释完全错误。《智度论》所说的"五家",是破财败家的五种灾祸,与本辞内容渺不相涉。本首发挥人身虚幻不实的道理,所谓"五家"就是"五大",即人们所熟知的"地水火风"等四大,再加上"空"大。《大般涅槃经》(北本)卷二五:"如世间人,说言虚空无色无碍,常不变易,是故世称虚空之法为第五大。"由此"五大"因缘相会,聚合为人。窥基《成唯识论述记》卷一末:"五大者,谓地水火风空。……色成于火大,火大成眼根,眼不见火而见于色。声成于空,空成于耳,耳不闻空而闻于声。香成于地,地成于鼻,鼻不离地而闻于香。味成于水,水成于舌,舌不得水而尝于味。触成于风,风成于身,身不得风而得于触。"又卷四〇:"坚是地性,湿是水性,热是火性,动是风性,无所罣碍是虚空性。是五大性,非因缘有。"《注维摩诘所说经·入不二法门品》肇曰:"四种,四大也;空种,空大也。此五,众生之所由生,故名种。"至于辞内提出"水火",并不是破财的水火之灾,而是"五大"之水大、火大。事实上,本首前四句已经明确提出了"五大",但为编者所不悟耳。如第一句"始知虚空以为屋宅"——提出"空"大，第二句"大地以为床席"——提出"地"大，第三句"水火毕竟相随"——提出"水"大、"火"大，第四句"如风无有踪迹"——提出"风"大，而"五家共一"就是说以上"五大"因缘聚合，以成人身耳。二、校释说"第五、六句二本均颠倒"，又误，应据原本回改为"合即五家共一，离散各不相知"。上句"合即五家共一"乃总结前四句所提出的"五大"而言，自应紧接在前四句后；而作者想要强调意思却是"离散各不相知"，即"五大"一旦离散，人身复归虚无，则此句自应居后，方合文理及逻辑。编者改移原文的动机，乃在于强求符合主观上押韵之"定格"，实际上窜改原文之后，"一"字是否入韵仍成问题（宅、席、迹皆为梗摄，一独为臻摄），可谓进退失据，两俱失之。三、同样的道理，末二字原本写"诸亲"，《总编》改作"亲戚"以求叶韵，亦大可不必。编者为使原文"就范"，费尽心机裁剪，无奈原文本不押韵何！

"五家"一语还见于《总编》卷四《行路难》（无心律）〔〇六九六〕："随缘聚散任五家。不计彼此之差二。开门任取不为限。缘起即住非关自。"校释云："中部'五家'指王、贼、火、水及恶人五种掠夺人民物资之人，已见〔〇五〇一〕。《智度论》一一曰：'富贵虽乐，一切无常，五家所供（楚按"共"之误），令人心散，轻躁不定。'末曰'恶人'，在'王贼'之外，正包含一切具大小手段，以讹骗财物者，较'五贼'甚且过之，远远过之，有如亿万僧众之永恒寄生。此瓮设得好！即此请君入瓮，无所逃。而芳考竟指'五家'为禅宗五祖弘忍，不知与词旨'大施'何干。原文于此虽纳入问语，不敢负责，终成特大蛇足……'缘'下'起'字原缺，'即'下'住'原写'主'，兹循辞义拟正，俟订。"（1182页）

楚按：此段亦有两处可议。一、关于"五家"，编者知芳考之误，而不知自己亦误。此处"五家"仍是指地、水、火、风、空等"五大"，说已见上文。由此"五大"因缘和合而为世界，乃至人身，聚则为人，散则身灭，故云"随缘聚散任五家"。编者误会了"五家"的含义，根基已错，则由此生发的一切议论，同样成为"特大蛇足"，俱可废也。二、编者拟补"起"字，可从。但原写"主"字极是，编者改订为"住"，大失其义。"主"即主人或做主之义，上文既云"随缘聚散任五家"，"缘"即此处之"缘起"，然则"五家"之聚散、人身之成坏，皆由缘起主宰，而非由吾人自己所能做主决定，故云"缘起即主非关自"也。

例二十三，《总编》卷三《行路难》（"共住修道"）〔〇五〇七〕："忽若得道果。历劫相劳碌。"校释："'劳碌'写'筹篦'。"（1001页）

楚按：此二字并非"劳碌"，而是"筹篦"，亦写作"捞摝""捞漉""涝漉"等，本义为水中捞物。就其打捞的动作而言，字从手；就其从水中打捞而言，字又从水；就其打捞器具（如篮笼等）的质地而言，字又从竹。《释氏要览》卷中："云何名福？谓捞摝义也。见诸众生没溺烦恼河中，起大悲心，摝出生死，置涅槃岸，故名福。"因此佛书中的"捞摝"，已经从一般的打捞之义，引申为拯救众生之义，谓将众生从生死苦海中打捞起来，而置于涅槃彼岸，如《维摩碎金》："汝还知庵园有佛，楞樾众生。"（《敦煌变文论文录》，858页）《维摩诘经讲经文》："不欲见四座流浪，常行楞樾之心。"（《变文集》，538页）"楞樾"同"捞摝"，敦煌写本中"木""扌"往往不分。《八相变》："我佛观见阎浮提众生，业障深重，苦海难离，欲拟下界劳笼，拔超生死。"（《变文集》，330页）"劳笼"也应作"捞摝"，"劳""捞"同音，"笼"

"搣"则一声之转。宋释延寿《宗镜录序》："捞搣五乘机地，升腾第一义天。"本首"忽若得道果，历劫相笭簏"是表示宏大的誓愿：倘若得道成佛，将永远以拯救众生为己任。

例二十四，《总编》卷六《十二时》（普劝四众依教修行）〔一二二〇〕："见师僧。要参问。莫慢身心须戒慎。"校释："第三句'莫'原写'我'，意乖，又与末句'君'之口气不相应，拟改。"（1606页）

楚按：原写"我"字不误，"我慢"乃佛教习语，谓骄傲自大，如《妙法莲华经·方便品》："我慢自矜高，谄曲心不实，于千万亿劫，不闻佛名字。"《维摩诘经讲经文》："令除我慢意，却作善和人。"（《变文集》，573页）又："外意之中除我慢，在其王子孝尊亲。"（同上591页）"我慢"既然成了固定词语，不宜将"我"字拆开单独理解，故与末句"为君雪出轮回本"的"君"字口气并无不相应之处，不必以此为疑。

例二十五，《总编》卷三释圆鉴《十偈辞》（赞普满塔）〔〇四九四〕："崔嵬霄汉出金轮。雁阵冲来到此分。"校释："首句之意已见〔〇五九九〕校。佛家妄言世界底层为风轮，上为水轮，再上为金轮，再上为地轮。"（980页）

楚按：〔〇五九九〕首校语所论之"金轮王"，以及此首校语所论世界底层之"金轮"，与本辞中的"金轮"字面虽同，其实风马牛不相及。本首的"轮"指"相轮"，亦云"轮相"，即佛教寺塔建筑顶端的圆盘形装饰物，通常九轮重叠，有细竿直指云霄。《翻译名义集》卷七《窣堵波》："言轮相者，《僧祇》云：佛造迦叶佛塔，上施盘盖，长表轮相。经中多云相轮，以人仰望而瞻相也。"《大慈恩寺三藏法师传》卷七："塔有五级，并相轮、霜盘凡高一百八十尺。"《佛说观弥勒菩萨上生兜率天经讲经文》："竭天上之珍奇,为人间之宝塔,可谓巍巍屹屹侵云汉,尽眼方能见相轮。"(《变文集》,649页)"金轮"者,即金色之相轮,如武则天《从驾幸少林寺》:"金轮转金地,香阁曳香衣。"鱼玄机《题任处士创资福寺》:"百尺金轮阁,当川豁眼明。"敦煌写本斯4444载《赠秀岸上人》诗:"清夜浮埃歇井廛,塔轮金洗露华鲜。"亦谓露水洗净塔顶的金色相轮。此首之"崔嵬金轮出霄汉,雁阵冲来到此分",是说普满塔的金色相轮耸入云霄,以致高空的雁阵飞来也被相轮分为两段。

例二十六,《总编》卷五《十二时》(法体)〔〇九八七〕:"过去之佛舍轮王。妻儿眷属何须乐。"校释:"乙、丙'之'写'诸'。"(1393页)又云:"后二句谓除转轮王福大,以玉女为宝,育子千人,可得妻儿眷属之乐外,余佛皆不可,何况佛徒!……既有此项神话存在,佛戒势必全盘崩溃,佛教即'谎教',尚何疑!"(1394页)

楚按:乙、丙写"诸"字是。"之""诸"在敦煌写本中通用,已成常例。"过去诸佛"指过去世之众佛。校释云"舍转轮王福大……余佛皆不可",则是以"轮王"为"过去诸佛"中之最胜者,因而对原文的解释大戾。由此指斥佛教即"谎教",恐不能服彼教中人之心。编者显然是把"舍轮王"理解为"除轮王以外",而不悟这里的"舍轮王"是说"舍弃轮王之位",根源则在于误解了"轮王"的性质。道宣《释迦方志》卷上:"五谓人者,不出凡圣。凡人极位,名曰轮王;圣人极位,名曰法王。"故知"轮王"并非"过去诸佛"之一,乃是人间圣主,自然享受人间荣华,所谓"佛戒势必全盘崩溃"无从说起。不过,在佛教徒看来,轮王虽是世间圣主,地位在世间最胜最尊,却远远不能和"佛"相比。"过去诸佛舍轮王"一句是说,过去诸佛宁愿舍弃人间转轮圣王之位，而立志修行成佛，如《长阿含经》卷十五："沙门瞿昙，舍转轮王位，出家为道。"《太子成道经》："舍却轮王七宝位，夜半逾城愿出家。"（《变文集》，287 页）至于"妻儿眷属何须乐"一句，也不是针对转轮王"以玉女为宝，育子千人"而说，而是教化世人的话，意谓与过去诸佛舍弃至尊至贵的轮王之位相比，则世人的妻儿眷属诚不足恋，何须爱乐不舍耶？全首大旨在劝人舍家求道也。

例二十七，《总编》卷五释悟真《百岁篇》（"一生身"）〔〇九三五〕："衣著绮罗贪锦绣。矜装璨器一生身。"校释："（乙本）'璨'写'坯'。"（1341 页）

楚按：乙本写"坯"字甚是，亦作"坯"，芳杯切，与"破坏"的"坏"各是一字。"坯器"即未经烧焙之陶器土坯，《四分律行事抄资持记》中一下："陶家谓土作家，轮即范土为坯器之车。"宋释赞宁《大宋高僧传序》："斯皆河图作《洪范》之椎轮，土鼓为《咸池》之坯器。"由于坯器窳陋不坚，佛教因以坯器比喻危脆不久之人身，如《出曜经》卷一九："观身如坯者，犹彼坯器，危脆不牢，必当败坏。"《大般涅槃经》（北本）卷二："尝观是身，犹如芭蕉、热时之炎、水泡幻化、乾达婆城、坯器电光。"又卷二："如来真身，功德如是，云何复得诸疾患苦，危脆不坚，如坯器乎？"又卷三八："善男子，譬如坯器，即易破坏，众生受身亦复如是，既受身已，是众苦器，譬如大树，花果繁茂，众鸟能坏；如多干草，小火能焚；众生受身，为苦所坏，亦复如此。"《大宝积经》卷八一："寿命不久停，如坯器易坏，假借世不久，此亦无常定。"佛教不净观亦以"坯器"比喻臭秽不净之人身，如《解脱道论》卷八："问云：何以流修行不耐食想？答：此食暖所热，与新故不净和合，如酒置破坯器，如是一切身流，随流入于脉膝面目九孔，九万九千毛孔悉皆充满。"本首"矜装坏器一生身"，谓以绮罗锦绣等衣着装饰危脆不坚、臭秽不净之躯体也。

例二十八，《总编》卷三王梵志《回波乐》（"断惑"）〔○五五○·三〕："不语谛观如来。逍遥独脱尘埃。"校释："谛观与如来，乃二位佛祖。如来佛人所习知。《佛祖统计（楚按"纪"之误）》第十卷记谛观为人，谓为高丽国沙门，奉命迎吴越国来使之义寂。寂善讲授，谛观见心服，遂礼为师。"（1041页）

楚按：编者于本书523页引用苏联《总目》，说明载有王梵志《回波乐》的原卷有"大历六年（公元771年）五月□日"的题记，此处又说明谛观是吴越时的高丽沙门，试问抄于大历时的卷子，怎么可能出现一百多年后吴越国时的人名？且"谛观"为何等人，岂能与"如来"并称，同为"佛祖"耶？其误已不待辨。其实此首的"谛观"并非人名，而是佛教修持的一种方式。"谛观如来"谓在冥思中专心系念，观见佛的形象。《华严经》卷六："谛观如来，当愿众生，悉观十方，端正如华。"又卷十三："阿僧祇天女众，欢喜无量，一心寂然，谛观如来。"《观无量寿佛经》："是故智者应当系念谛观彼国，净业成者，我今为汝广设众譬，亦令未来世一切凡夫欲修净业者，得生西方极乐净土。"

例二十九，《总编》卷三《空无主》（调名本意）〔○四七九〕"心愿相覆慈悲网。罗取诸子集华堂。"校释："（原本）'心'写'行'。"（960页）

楚按：原写"行"字不误。云"行愿"者，誓愿与修行两俱言之，改作"心愿"，则有愿而无行矣为。《仁王护国般若波罗蜜多经·奉持品》："一切行愿，普皆修习，能为善法，调御有情。"即以"行愿"并提为言。又原文"覆"当作"扶"，音近而误，《总编》失校。"相扶"犹云相辅相成，如《景德传灯录》卷二九梁宝志和尚《大乘赞十首》之五："未悟圆通大理，要须言行相扶。"《汾阳无德禅师语录》卷下《德学歌》："今之重学，古之重德，德学相扶，堪为轨则。"敦煌遗书伯2762号《张淮深碑》："手足相扶，同营开辟。"《佛说阿弥陀经讲经文》："忏悔已了，此受三归，复持五戒，便得行愿相扶，福智圆满。"（《变文集》，406页）正有"行愿相扶"之语，可证此首原写"行愿相覆"亦应作"行愿相扶"，而断非"心愿相覆"也。

例三十，《总编》卷三《拨禅关》（调名本意）〔〇五〇九〕："第二劝汝平善男。勤勤参。众生世上有二三。一世了。莫贪婪。"校释：从生世上"'平善男'佛称在家信佛之男人为'善男子'。参看〔一二三一〕。'有二三'谓'众生'原有'多生'之义，生死轮回将二三次，莫贪一世便了"。（1005、1006页）

楚按：校释所立二义并误，原因却在于把一般词语错当作佛教用语理解了。"平善男"并非"善男子"，而是指健在之人。"平善"即平安、康健之义，如《舜子变》："冀郡姚家人口，平善好否？"（《变文集》，133页）《八相变》："我家有子在临胎，千般痛苦诞婴孩，父子匆忙重发愿，只愿平善不逢灾。"（同上334页）按佛教多劝世人趁着此身健在之日，及时为来生修福，如〔〇六〇六〕："闻身强健行檀施"之类，故此首有"劝汝平善男，勤勤参"之语。又校释以"众生世上有二三"与佛教"多生"之义相联系，又难自圆其说。"多生"其数无尽，岂是"生死轮回将二三次"便可了事？此首之"二三"是说十分之二三，言其为数不多也。试比较〔〇五三七〕："三界中，难出离，出离之人无一二。""无一二"谓不足十分之一二，犹如此首"有二三"谓只不过有十分之二三耳。白居易《不如来饮酒七首》之三："藏镪千百万，沉舟十二三。""十二三"亦即十有二三，与本首"有二三"类似。

"众生世上有二三"是说能够做到"勤勤参"的众生，为数不多。下文"一世了，莫贪婪"即劝人"勤勤参"之语，"一世"指今生，谓终其一生，不应贪婪也。

最后，我要格外提出一个例子，它虽然不属于上述四类之中，却说明了一字误解，可能造成何等重大的后果。

例三十一，《总编》卷五《五更转兼十二时》（"维摩托疾"）〔一〇九七〕："维摩诘。问弥勒。一生受记何时得。"校释："变文〔卯〕（集597页）描写弥勒坚辞问疾一段，更示内心有说不出苦，事到关头，无所忌惮，乃尽情流露，似难捏造，必有所本：'弥勒告世尊，往日遭维摩呵责事……"我思往昔，为兜率天王及其眷属，说不退转地之次，忽见维摩发笼离垢之缯，手柱弱梨之杖，谓我言道：弥勒，汝久居圣位，已出樊笼……所以世尊受仁者记，一生成佛……世尊，维摩居士说尔许多东西，我于当日，都无祗对……闻说便胆战心惊，岂得教吾曹为使！伏乞世尊特开慧镜，朗鉴卑情，会中菩萨极多，且望慈悲别请。"……其时弥勒告如来，往昔遭呵不是推。我即还同鸣布鼓，维摩直似振春雷！不辞便往传尊旨，必被他家挫辱回。'据此，维摩背后说佛'许多东西'，已非一日。此等隐情，非俗文不吐，俗文又必不能尽吐。须知俗文是当众公开宣唱之作品，重要内容苟无所本，当场之执事与信徒等耳目众多，戒律甚严，何能容其在道场内，穷年累月骂祖渎宗，恣肆不止？故维摩叛佛之迹早明，折服之谋早密，心怀叵测，已无从粉饰矣。此段最露骨之真像，由弥勒于沥血陈情中，委曲揭之，而歌辞曾无一字咏及，说明变文对于歌辞之补充亦甚要。"（1547、1548页）

楚按：校释在概论本辞时说："经与注每掩盖此段故事之实相，若变文与歌辞间乃提出许多实相，从知佛教宣扬之虚伪性如何严重。"(1487页)对《维摩经》及注提出"掩盖实相"之严重指控。又说:"《维摩诘所说经讲经文》(集592页),此文内载有弥勒向佛告密语,使人惊心动魄!"(1491页)任氏此一发现闻所未闻,确乎令人惊心动魄!因为关系重大,且为《总编》本辞长篇解说之立论基础,故具引其说如上。按所谓"告密之语",即是上引讲经文中,弥勒告世尊云:"维摩居士说尔许多东西。"校释解释说:"据此,维摩背后说佛'许多东西',已非一日。"以"尔"为第二人称代词,指佛,这是根本误会了原意。"尔许"应该连读,就是"如许",是如此、这么之义,"尔许多"就是如此多、这么多,如《景德传灯录》卷三十法灯禅师《古镜歌三首》之一:"悠悠哉,尔许多时那里来?"变文中亦多有用例,如《庐山远公话》:"不知甚生道安,讲赞得尔许多能解?"(178页)《金刚般若波罗蜜经讲经文》:"且若非世界,焉能容尔许多微尘?且若非如来,焉能灭尔许多烦恼?"(439页)以上"尔许多"皆是如此多之义。至于讲经文中的"东西",据潘重规《敦煌变文集新书》校记(该书337页):"原卷'来由',《变文集》误作'东西'。"故知"东西"乃是"来由"误录。"维摩说尔许多来由",即是指讲经文上文所引维摩诘呵责弥勒时所说的大段道理,并非是背后说佛的坏话。所谓"告密"之事,纯属子虚乌有。究其起因,实由于编者把"尔许"之"尔"误解为人称代词之"尔",从而平地掀起了一场"维摩叛佛""弥勒告密"的惊心动魄的风波。差之毫厘,谬以千里,可不慎哉!

(原载大百科全书出版社1991年出版的《中国与日本文化研究》第1集)

《老子化胡经·玄歌》考校

《老子化胡经》曾经在历史上引起了佛道二教的激烈争辩，多次被禁绝。最后一次是在元至元十八年（公元1281年），世祖忽必烈下旨焚毁"道藏伪经"，《化胡经》及经板被付之一炬，从此《化胡经》便失传了。然而敦煌藏经洞被打开之后，人们发现在敦煌遗书中保存了几种《化胡经》残卷，它们是：

一、S.1857，前题"老子西升化胡经序说第一"，后题"老子化胡经卷第一"。

二、P.2007，前题"老子西升化胡经序说第一"，后题"老子化胡经卷第一"。

三、S.6963，前阙，后题"老子化胡经卷第二"。

四、P.3404，前题"□□化胡经受道卷第八"。

五、P.2004，前题"老子化胡经玄歌卷第十"，后题"老子化胡经卷第十"。

六、S.2081，前阙，后题"太上灵宝老子化胡经"。

七、P.2306，前后阙，《敦煌宝藏》拟题"老子化胡经"。

《老子化胡经》的作者，论者多称是晋代道士王浮。梁僧佑《出三藏记集》卷十五《法祖法师传》云：

后少时，有一人姓李名通，死而更苏，云：见祖法师在阎罗王处，为王讲《首楞严经》云。讲竟，应往忉利天，又见祭酒王浮，一云道士基公，次被锁械，求祖忏悔。昔祖平素之日，与浮每争邪正，浮屡屈。既意不自忍，乃作《老子化胡经》，以诬谤佛法。殃有所归，故死方思悔。

唐法琳《辨正论·九箴篇》亦曰："晋世道士王浮，改《西域传》为《明威化胡经》。"而实际上，在一个相当长的时期内，曾经出现过许多种不同的《化胡经》，它们都演绎老子化胡的故事，具体经名或许小有差异，但都有"化胡经"的字样，因此都可以省称为《化胡经》或《老子化胡经》。王浮所撰者，便是其中较早的一种。而敦煌所出的七种《化胡经》卷子，它们既不同于王浮的《化胡经》，它们自己也不是同一种《化胡经》，而是三种不同的《化胡经》。

敦煌所出第一种《化胡经》残卷有 S.1857、P.2007、S.6963、P.3404、P.2004 等五卷。从形式上看，保存前题的有四卷，这四卷中有两卷经名作"老子西升化胡经"者，有一卷作"老子化胡经"，有一卷作"□□化胡经"，但是前题作"老子西升化胡经"者，后题仍作"老子化胡经"，可以证明前者是具名，后者是略名，两者并无不同。而无论前题用具名或略名，在经名之下，卷数之上，都标明篇名，如"序说第一""受道卷第八""玄歌卷第十"等，可以说在卷数之上标明篇名是这四种卷子的共同特点。从内容看，S.1857、P.2007、S.6963 各卷的说法主体是"老君"，P.3404 的说法主体是"老子"，P.2004"玄歌"中有"太上皇老君哀歌七首"和"老君十六变词"。按"老君"即老子，《后汉书·孔融传》载融谓李膺曰："先君孔子与君先人李老君同德比义而相师友，则融与君累世通家矣。"因此各卷说法主体或作"老君"，或作"老子"，并无不同。以上这些共同点说明上述五种敦煌本《化胡经》残卷属于同一种《化胡经》，应该就是《郡斋读书志》（衢本）卷十六所著录的《老子化胡经十卷》。而这种十卷本的《化胡经》与王浮所造的《化胡经》有明显的区别：一是经名有差别，上引法琳《辨正论》称晋世道士王浮改《西域传》为《明威化胡经》，故知王浮所造《老子化胡经》亦称《明威化胡经》，亦犹敦煌十卷本《老子化胡经》亦称《老子西升化胡经》，但《明威化胡经》与《西升化胡经》名称不同，可证二者并非一书。二是卷数不同，唐神清《北山录》卷二："《化胡经》，晋时王浮所撰一卷，后渐增至十一卷。"可知王浮所撰《化胡经》只有一卷，与敦煌十卷本卷数不同。三是时代不合，逯钦立考证敦煌本《化胡经》卷十《玄歌》"俱为北魏太武帝太平真君七年以后之作"①，这显然不可能出自晋代王浮之手。那么，敦煌十卷本（逯钦立认为是十一卷）《化胡经》与王浮《化胡经》是什么关系呢？逯钦立据《北山录》的说法，认为敦煌本《化胡经》是由后人据王浮《化胡经》增益而成，所以他说"惟王浮撰者，仅有一卷，是好事补续之，遂至增成一十一卷"。② 但是我们如果知道历史上曾经有过许多种不同的《化胡经》流行的话，那么我们不妨认为敦煌十卷本《化胡经》与王浮一卷本《化胡经》是两种各自独立的《化胡经》，前者并非是在后者的基础上增益续补而成，或许更近于历史事实。

---

① 引自《敦煌古籍叙录》262 页。
② 引自《敦煌古籍叙录》261 页。

敦煌所出第二种《化胡经》是 S.2081 卷，该卷前端残阙，后题"太上灵宝化胡妙经"，不注卷数，应该只有一卷，经名也与十卷本《老子西升化胡经》有别。此卷说法主体的"天尊"，与十卷本的"老子"或"老君"有异，虽非本质不同，但同一种经书的说法主体的名称应该是一致的，因而此卷《太上灵宝化胡妙经》是与十卷本《化胡经》不同的另一种《化胡经》。

至于敦煌遗书 P.2360，《敦煌宝藏》拟题为《老子化胡经》。该卷首尾俱残，存文字 27 行，分作三段，现将第二、三段（第 7—27 行）移录如下：

道言：天地合会，三千六百亿万岁一小合会也。大合会之时，天下荡然，无有人民。伏羲之前，大会无数，吾于其中导引众生，过度灾厄。伏羲时下为师，号宛华，称田野子，作《元阳经》三十□□（四卷）。□（神）农时出为师，号曰太成子，作《太一九精经》三百六十卷。祝融时出为师，号曰傅豫子，作《案摩通精经》九十卷。三家共修无为之术，而治万八千岁，以致太平。人民纯朴，正有无为，无有余法，唯有无始自然法耳。不侵不害，□□归身。当此之世，可谓三皇之君矣。伏羲之前八万岁于玉京山南作《太□经》三百卷，作太宗守遏之法，于座定志不起，历万余年，众生沉渊，而复一见，权变导引，而子不知。

道言：吾黄帝时出为师，号曰力默子，作《道成经》□□□□时出为师，号曰绿□□（子），□□作《黄庭经》五十卷。帝尧时出为师，号曰务成□（子），作《政事宣化经》各四十卷。帝舜时出为师，号曰尹寿子，作

> 《通玄真一经》七十卷、《道德经》千二百卷，自称太宗师，世人能念太宗师者，苦痛自止，所愿从心。自三五霸之后，帝王相承，人性有好恶，寿命有长短，禀之于元炁，遭之于（下阙）。

这段文字所记的是老子历代递为帝王师的事迹，并没有写到老子化胡的事迹。将这段文字与《三洞珠囊》卷九所引的一段《化胡经》文字相较，两者的内容基本一致，但文字也小有差异。因此P.2360残卷是否是《化胡经》残卷，还不是毫无疑问。倘若此卷果为《化胡经》残卷，而说法的主体是"道"，而非"老子""老君"或"天尊"，这表明该卷是不同于以上两种敦煌本《化胡经》的另一种《化胡经》残卷。

除此以外，还曾经有另外多种《化胡经》流行。王重民提到："《旧唐书·经籍志》丙部神仙家类有《老子消冰经》一卷，案甄鸾《笑道论》引《化胡消冰经》凡二条，据《唐志》则'消冰'自为一书，要亦《化胡》类也。"[1] 这里说的《化胡消冰经》也是一种时代较早的《化胡经》。另外，《三洞珠囊》卷十援引了《老子化胡经》的一大段文字，约一千九百余字，于引文之后说："《化胡经》乃有二卷不同，今会其异同，录此文同也。"案《三洞珠囊》乃唐人王悬河编撰，他所见的两种《化胡经》皆流行于唐代。所引大段文字与现存敦煌十卷本《化胡经》残卷没有共同之处，难以比较。若与S.2081《太上灵宝老子化胡妙经》相较，二者有一些共同的故事，如老子与胡王比赛饮食，如胡王火烧老子等，虽皆有其事，而文字完全不同，可证王悬河所据两种《化胡经》，

---

[1] 引自《敦煌古籍叙录》260页。

与敦煌本《太上灵宝化胡妙经》是各不相同的三种《化胡经》。

在元代由《化胡经》作为导火线引起的一场佛道斗争，导致了《化胡经》的最终灭绝，这件事在元祥迈《辨伪录》中有详细的记载。当时流行的是哪一种《化胡经》呢？《辨伪录》卷三载僧徒诘难道士说"且汝书题云《太上混元上德皇帝明威化胡成佛经》"，这就是当时流行的《化胡经》的具名。该书又言"晋时王浮造《明威化胡经》"，看起来《明威化胡经》很像是《太上混元上德皇帝明威化胡成佛经》的简称，似乎元代所流行的《化胡经》就是晋代王浮所造的《化胡经》，但我以为实际情况并非如此，元代流行的《化胡经》乃是一种新造的《化胡经》。《辨伪录》卷二曾引古本《化胡经》云："我生何以晚，泥洹一何早，不见释迦文，心中空懊恼。"按北周甄鸾《笑道论》所引《化胡经》亦有此四句，《笑道论》所引《化胡经》共有四段，其中两段见于敦煌十卷本《化胡经》残卷，按理推之，另外两段引文也应出自十卷本《化胡经》。上引"我生何以晚"四句便是另外两段引文之一，它虽不见于现存的敦煌十卷本《化胡经》残卷之中，但仍应是十卷本《化胡经》的文字。《辨伪录》称十卷本《化胡经》为"古本《化胡经》"，应该是与"今本《化胡经》"相对而说的，"今本《化胡经》"便是当时流行的《化胡经》。而王浮《化胡经》是比十卷本《化胡经》更古的《化胡经》，它显然不可能是当时流行的"今本《化胡经》"。《辨伪录》卷三又说："新集《老子八十一化图》《化胡经》等，百端诬诞之说，使识者诵之则齿寒，闻之则鼻掩。"按《老子八十一化图》乃金元之际的道士令狐璋、史志经于公元1232年所造，故称"新集"，而《化胡经》紧接于《老子八十一化图》之下，从语气看，也应是"新集"，即当时人所编集者。《辨伪录》卷五载翰林院唐方、王磐等撰《圣旨焚毁诸路伪道藏经之碑》说："昔宪宗皇帝朝，道家者流出一书曰《老君化胡成佛经》及《八十一化图》。"所说的《老君化胡成佛经》即是《太上混元上德皇帝明威化胡成佛经》的简名，亦即当时流行的《化胡经》。由此可知"新集"《化胡经》是从元宪宗在位期间（1251—1259年）开始流行的。

老子化胡的故事在东汉末年已经流行，《后汉书·襄楷传》："或言老子入夷狄为浮屠。"李贤注："或闻言当时言也。老子西入夷狄，始为浮屠之化。"此后道士撰著中便大量渲染老子化胡的故事，以贬抑佛教，高自位置。其中有一些是作为老子的传记出现，另一些则以各种《化胡经》的形式出现。因此历史上曾经有许多种《化胡经》流行，形成了道经中的一个门类。这些《化胡经》也有随着时间而存亡替代的过程，而在元至元十八年（公元1281年）焚烧"道藏伪经"之后，更彻底灭绝了。不料在敦煌石窟中还保存了几种《化胡经》残卷，使我们得以多少重睹当时《化胡经》的真貌。

敦煌遗书P.2004《老子化胡经·玄歌卷第十》是道教歌偈集，载歌偈三十八首，计有《化胡歌》（拟题）八首，《尹喜哀叹》五首，《太上皇老君哀歌》七首，《老君十六变词》十八首。逯钦立辑校《先秦汉魏晋南北朝诗》将它们悉数收入《北魏诗》卷四，并有说曰：

> 敦煌唐写本老子化胡经共十卷。一至九卷为文。十卷为玄歌。计化胡歌七首。尹喜哀叹五首。太上皇老君哀歌七首。老君十六变词十八首。都为三十七首。约八千言。逯按。出三藏记集。老子化胡经作于西晋王浮。以之攻击佛教。又北山录云。化胡经。晋时王浮道士所

撰。一卷。后渐添成十一卷。据此化胡经一书后世续有增益。正类其他道书也。而此卷玄歌按其所涉史实。知为北魏时代之作。化胡歌第二首云。致令天气怒。太上踏地瞋。寺庙崩倒澌。龙王舐经文。八万四千弟子。一时受大缘。老君十六变词第十三首云。不玩道法贪治生。搨心不坚还俗经。八万四千受罪缘。破塔毁庙诛道人。打毁铜像削取金。所言毁寺焚经诛戮沙门。实指北魏太武帝太平真君七年灭佛一事。前此无史实也。证此卷玄歌之出在太武帝毁法之后。又按。老君十六变词第一首云。合口诵经声瓛瓛。眼中泪出珠子碟。北齐颜之推颜氏家训已引之。化胡歌之二。我在舍卫时至太上踏地瞋等句。北周甄鸾笑道论已引之。俱证此卷玄歌保存齐、周以前原貌也。又魏书释老志于叙述太武灭佛之后。言文成帝嗣位。诏复佛法。天下承风。朝不及夕。往时所毁佛寺仍还修矣。佛像经论皆复得显。此其叙录与老君十六变词所谓未容几时还造新。虽得存立帝恐心亦合。可见玄歌之问世去文成帝时代并不久。

此段论证《玄歌》之时代，堪称允当。不过《化胡歌》实为八首，而非七首；《玄歌》总计五千言左右，而非约八千言。逯氏计算有误。又《颜氏家训》撰成于隋代，而非北齐。按先秦道家的学说自从被道教所利用和采取后，两者遂纠葛在一起而不易截然分离。在魏晋南北朝的诗歌中，玄言诗可以看作道家的诗歌，其实淡乎寡味，文学性和宗教性都很薄弱。郭璞的游仙诗文彩斐然，是带有道教色彩的文学作品。而《老子化胡经·玄歌》则是道教诗歌，形象性虽不如郭璞的游仙诗，却胜过玄言诗，宗教性则超过了玄言诗和游仙诗，是带有文学色彩的宗教作品。它对后来的道教诗人是有影响的，如《化胡歌》第三首云："吾后千余年，白骨如丘山。"而李白《经乱离后天恩流夜郎忆旧游书怀赠江夏韦太守良宰》也说："白骨成丘山，苍生竟何罪。"这不是偶然的文字巧合。

由于逯钦立对《老子化胡经》素有研究，故《北魏诗》卷四据敦煌写本校录的《老子化胡经·玄歌》原文，堪称精确。下面再就拙见所及，对逯氏录文提出若干补校意见，依次逐条写出。

化胡歌七首

逯氏于诗题下注："原题缺。据《广弘明集》《周甄鸾》《笑道论》补。"

按化胡歌实为八首，"七首"当是误计。

我往化胡时。头载通天威。（第一首）
"载"当作"戴"。

麾月使东走。须弥而西颓。（第一首）
"月"原卷实作"日"，应据改。

轮转五道头。万元一升仙。（第二首）
"元"应作"无"，"轮转五道头，万无一升仙"二句言八万四千弟子悉皆轮回于五道之中，没有一人得以升仙。

吾子三天上。愍子泪流连。（第二首）

上句"子"原卷实写"在"，应据改。

矫翼履清虚。倏忽到西天。（第三首）

"西天"原卷写"天西"，"西"字与上下韵脚山、悬、旋等似乎不相押。但《玄歌》后面《太上皇老君哀歌》第一首有"暮到于天西"之句，"西"字亦与旋、天、间等押韵，则本首的"天西"似未便不加说明地径改为"西天"。

尸骸路草野。流血成洪渊。（第四首）

"路"与"露"通用。

哀叹卄头。以示通中贤。（第四首）

上句"哀叹卄头"下有原注："此句缺一字。"今按"卄"即"二十"，此句为"哀叹二十头"，并无缺字。其所以费解的原因，在于"头"字是"颂"字形误，此句应作"哀叹二十颂"，盖承上句"故作《大秦吟》"而下，谓所作《大秦吟》共有二十首颂词，颂即偈颂也。又下句"以示通中贤"，倘与第七首"三界里中贤"对照，则此首"通"字或亦应是"里"字。

见机降时世。不值苦以辛。（第四首）

"以"通作"与"。

玉女檐浆酪。仙人歌玉文。（第五首）

上句"檐"原卷写"担"，下句"玉"原卷作"经"，皆应据改。

天龙翼从后。白虎口驰劚。（第五首）

第二句末字应作"䶩',䶩，露齿貌。

身亦不缺损。乃复沉深浏。（第七首）

"浏"字原卷实写作"渊"，乃"渊"字别体。《增订碑别字》卷二，《唐李扶墓志铭》"渊"字即作如此书。

龙王折水脉。复流不复行。（第七首）

上句"折"当作"析"，"析水脉"谓分开水流。下句上"复"字当作"澓"，"澓流"即漩流，《文选》卷一二郭璞《江赋》："迅澓增浇，涌湍叠流。"李善注："澓，澓流也。"

吾视怨家如赤子。不顾仇以嫌。（第七首）

"以"通作"与"。

身无荣华饰。后毕得生天。（第七首）

"毕"应作"必"。

食服泥洹散。渐得不死踪。九重室中得见不死童。（第八首）

"九重室中得见不死童"一句九字，落落单行，与《化胡歌》八首通例不合，"中"下应脱一字，作"九重室中□，得见不死童"。

尹喜哀叹五首

一日三赏赐。杂彩以金银。（第一首）
"以"通作"与"。

秘室熟读之。三年易精神。（第一首）
"熟"原卷实写"伏"，应据改。

元以度赤谷。垂泪数千行。（第三首）
"元"应作"无"，原文谓无法度越赤谷，故垂泪数千行也。

足底重蹣生。手中抱少微。（第四首）
上句"蹣"当作"茧"，谓胼胝。原文当是"蹣"字形误，此字即是"茧"字再加义符"足"之累增字也。下句"抱"原卷实写"把"，应据改。

感我精诚至。乞我鞋以衣。（第四首）
"以"通作"与"，"乞我鞋与衣"即赐我鞋与衣也。

大道与俗返。一往不复归。（第四首）
"返"通作"反"，谓相反也。

虽得不死道。日月垂微微。（第四首）
"日月垂"三字原卷实写作"气力甚"，逯氏误录。此句作

"气力甚微微"。

西到俱地尼。但见金城门。（第五首）

"地"字疑是"陀"字形误。按本首上文云"南到阎浮提，大火烧我身"，"阎浮提"即佛经四大部洲之南阎浮提洲（亦作赡部洲），则此处"西到俱地尼"之"俱地尼"，亦应作"俱陀尼"，同"瞿陀尼"，即佛经四大部洲之西瞿陀尼洲。道宣《释迦方志》卷上："东洲名毗提诃，南洲名赡部，西洲名瞿陀尼，北洲名拘卢也。此之四洲，亦名四有，人之所居，佛之所王，准此傍及铁围，海内唯有四洲。"

绕天数百迎。足底重蹒生。（第五首）

上句"迎"字原卷写作"迊"，此字实非"迎"字，而是"匝"字别体。下句"蹒"应作"茧"，说已见前。

太上皇老君哀歌七首

善恶毕有报。业缘须臾间。（第二首）

"毕"应作"必"，同音混用。

口吟不能言。妻子呼仓天。（第二首）

上句"吟"疑当作"钤"，"口钤"谓口被钳闭，故不能出声发言也。金王喆《重阳全真集》卷十三《苏幕遮》（咏友人叹身）："省其心，钤其口，赢得清闲，自在逍遥走。"亦谓闭口慎言也。下句"仓"通"苍"。

口气头嘘天。自谓常终日。(第三首)

"气头"原卷作"头气",应据改。"口头气嘘天"形容意气冲天之貌。

伺命来执宰。丞相踏地瞋。(第三首)

"宰"原卷实写"载","伺命来执载"谓伺命鬼将死者神魂执捉载来。

百脉不复流。奋忽入黄泉。(第三首)

"奋"原卷写"奄",应据改。

勤恶使从善。岁会集群贤。(第六首)

"勤"原卷实写"劝",应据改。

三魂飞杨澌。七魄入死星。(第六首)

"杨"应作"扬"。

伺命来极济。左相踏地瞋。(第六首)

"极"原卷实写作"柽",应是"拯"字。

秦川屯军马。中庭生蘩榛。(第七首)

"屯"原卷写作"纯",乃"纯"字别体,应据改。"秦川纯军马"谓秦川清一色皆是军马,而无平民百姓。敦煌本《佛说阿弥陀经讲经文》:"无有女人,纯是男子。"按此"纯"字即"纯"字,同"纯","纯是男子"亦谓清一色皆是男子也。

老君十六变词

一变之时。生在南方亦如火。（第一首）
"亦"字为"赤"字形误。中国传统说法以赤为南方之色，如《仪礼·觐礼》："设六色：东方青，南方赤，西方白，北方黑，上玄，下黄。"

寄生王家练精神。出胎堕地谁语言。（第二首）
"谁"原卷实写"能"，应据改。

额上三午十二行。两手不门把文章。（第三首）
"门"原卷实写"开"，应据改。按《三洞珠囊》卷八《相好品》引《老子十六变经》亦云："四变之时，额上参午偃月十二行，两手不开把文章。"

化胡成佛还东秦。敷杨道教整天文。（第五首）
"杨"应作"扬"。

生在东北在艮地。图尽天地我次比。（第八首）
"尽"原卷书作"盡"，此字并非"尽"字，而是"画"字别体。

白衣居士维靡诘。欲结坐禅须谙炁。（第八首）
"靡"原卷作"摩"应据改。

下人当作入黄泉正地柱。开辟天地施地户。（第九首）

下句"天地"之"地"与"地户"字复，应是"门"字之误。"天门地户"之说，如《焦氏易林》卷一六："天门地户，幽冥不睹，不知所在。"上文《太上皇老君哀歌七首》之三："天门地户闭，一去不复还。"

生在东南出风门。尽出天道安山川。（第十首）

"尽"原卷作"畫"，乃"画"字别体。

音聋音痖教不伦。由子前身谤经文。（第十首）

上"音"字原卷实写"盲"，应据改。下"音"，字应作"喑"，亦写作"瘖"，哑之义。《长阿含经》卷九《十上经》："或有众生，生于中国，聋盲瘖痖，不得闻法。"《元始洞真慈善孝子报恩成道经》："纵得出世，生堕六畜，不如意中，或生下贱，盲聋喑痖，手足不具，永不见道，永不闻法，为诸人畜之所捵役。"

生在南方阎浮地。造作天地有作为。（第十一首）

下句"有作为"原卷作"作有为"，应据改。"有为"与"无为"相对而言，指见于形迹的有所造作之事，如本首的"造作天地""化生万物"等皆是。

生活自卫由乘靡。劫数灭尽一时亏。（第十一首）

"由乘"原卷写作"田棄"，即"田桑"，应据改。

国王欢喜立东宫。与迎新妇守衢夷。（第十一首）

下句"守"字原卷实写"字"，"衢夷"通常作"瞿夷"，此句作"与迎新妇字瞿夷"。按瞿夷即释迦牟尼为太子时之夫人，《太子瑞应本起经》卷上："太子年至十七，王为纳妃，简阅国中名女数千，无可意者。最后一女，名曰瞿夷，端正好洁，天下第一，贤才过人，礼义备举，是则宿命卖花女也。"而在道经中，瞿夷则是太子三位夫人中的一位，《混元圣记》卷五："年十七，父为纳瞿夷、耶输、鹿野三女为夫人。"

八斛四斗不破禅。破散库藏施贫人。（第十二首）

"斛"字原卷作"研"，乃"斛"字别体，百升即是一斛，会意字也。下句"破"原卷实写"乱"。

道十八人诣宫门。贾作大丑婆罗门。（第十二首）

上句"十"当作"士"。下句"贾"是"假"的同音借字。按《老君十六变词》中的第十二变故事，其实是从佛经中须大拿故事变化而来。据《六度集经》卷二《须大拿经》云："诸王议曰：太子贤圣，无求不惠。遣梵志八人，之太子所，令乞白象，若能得之，吾重谢子。"经文云"梵志八人"，《十六变词》遂变为"道士八人"也。

先师知意不与言。壖著擅特在丘。此句缺一字。（第十二首）

上句"先"字原卷作"晁"，仍俟校。下句"壖"当作"摈"，摈斥之义；"擅"原卷作"檀"，应据改。按《混元圣纪》卷四："于阗先闻老君将至，即率国奉迎，于国南渠山（原注：一名檀特山）营造精舍，延请老君居焉。"则老子化胡故事中的"檀特山"即是渠山，在于阗境内。但如上条所云，老君第十二变词的故事是由须大拿故事变化而来，则此首的"檀特"乃是须大拿修习苦行的檀特山，位于北印度健驮罗国。《六度集经》卷二《须大拿经》："（太子）谓其妻曰：'起听吾言，大王从吾，著檀特山，十年为限，汝知之乎？'妻惊起而视太子，泪出且云：'将有何罪，乃见迸逐，捐国尊荣，处深山乎？'"所叙即是"摈著檀特在丘□"之事。

变为白狗数百身。稽骨须弥示后人。（第十二首）

"稽"字原卷作"积"，应据改。"积骨须弥"乃是佛经习语，如《佛说大意经》："我自念前后受身生死坏败，积其骨过于须弥山，其血流五河四海未足以喻。"敦煌本《频婆娑罗王后宫彩女功德意供养塔生天因缘变》："自念我昔，积于白骨，过于须弥，涕泣雨泪，多于巨海。"

蒙头著领待老君。手捉锡杖惊地虫。（第十三首）

下句"地"字疑为"虵"字形误，同"蛇"。"蛇虫"泛指毒虫动物之类，如《吕氏春秋·节葬》："善棺椁，所以避蝼蚁蛇虫也。"

梦应明帝张偨迎。白象驮经诣洛城。（第十三首）

"偨"同"愆"，这里是"骞"字音误。《广弘明集》卷九甄鸾《笑道论·张骞取经十四》引《化胡经》曰："至汉明帝永平七年甲子岁星昼见西方，夜明帝梦神人长丈六尺，项有日光。且问群臣，傅毅曰：西方胡王太子成道号佛。明帝即遣张骞等穷河源，经三十六国，至舍卫，佛已涅槃，写经六十万五千言，至永平十八年乃还。"即是此处所云"梦应明帝张骞迎"之事，虽与张骞生平未合，但彼教之说如此也。

搦心不坚还俗经。八万四千应罪缘。（第十三首）

上句"经"字原卷写作"缠"，此字实非"经"字，而是"缠"字俗体，《广韵》下平声二仙："缠，直连切。缠俗。"《混元圣纪》卷五："亲近明师，怜愍后学，厌离俗缠，不矜功德。"

变形易像在金卫。沙门围城说经偈。（第十四首）

"金"字为"舍"字形误，"舍卫"是佛经中的国城名，释迦牟尼常住此处。按上文《化胡歌》第二首固已云："我在舍卫时，约敕瞿昙身。"即是此首之"变形易像在舍卫"也。

国有审看一月夜。王心恶之欲破家。（第十六首）

上句"有"字疑为"王"字之误。

（原载《敦煌文学论集》，四川人民出版社，1997年）